先秦儒學之人倫思想

—— 以孔孟思想為中心

袁　純　正　著

文史哲學集成

文史哲出版社印行

先秦儒學之人倫思想：以孔孟思想為中心 /
袁純正著. --初版 -- 臺北市：文史哲，
民 96.02 頁: 公分.
參考書目
ISBN 978-957-549-705-7（平裝）

1.（周）孔丘 – 學術思想 – 哲學
2.（周）孟軻 – 學術思想 – 哲學
3. 儒家 – 中國-先秦（公元前 2696-221）

121.2   96004474

先秦儒學之人倫思想

著　　者：袁　　　純　　　正
出 版 者：文 史 哲 出 版 社
http://www.lapen.com.tw
e-mail：lapen@ms74.hinet.net
登記證字號：行政院新聞局版臺業字五三三七號
發 行 人：彭　　　正　　　雄
發 行 所：文 史 哲 出 版 社
印 刷 者：文 史 哲 出 版 社
臺北市羅斯福路一段七十二巷四號
郵政劃撥帳號：一六一八〇一七五
電話886-2-23511028 · 傳真886-2-23965656

實價新臺幣三五〇元

中 華 民 國 九 十 六 年 （2007） 二 月 初 版

序袁純正先生書

　　袁純正先生人如其名，是一位正派的雅士君子；《先秦儒學之人倫思想》書如其旨，是一本正統的典論佳作。以正派的修持做依據而誠摯真切地表現為正統的意見，其發心，其用心當然是嚴肅可敬的，其內容、其書寫自然亦是深切著明的。

　　袁先生可以稱得上是杏壇的長青樹，半生作育英才，弦歌不輟，他原先在南台灣赫赫有名的國立嘉義高級中學擔任國文科老師，執教經年退休之後，旋即轉任吳鳳技術學院通識中心繼續誨人不倦。袁先生授課之風格向以忠謹著稱：凡一字一句必忠於所本，其一證一解唯謹於所思。以袁先生如是的堅持，受教者固可直接蒙受其利益，他自己同時也印證到了教學相長的好處，像袁先生曾經數度獲頒資深優良教師表揚，更在全國性論文比賽先後榮膺大獎，凡此就是最好的說明和寫照。惟最難能可貴者，乃是袁先生並不自滿於已然的成就，反而「不知老之將至」地願以古稀之年，孜孜不倦於學術真理的講明，此舉莫不使得天下讀書種子聞諸動容，如今《先秦儒學之人倫思想》的問世刊行，不啻真實反映了他「發憤忘食，樂以忘憂」的書生本色。

　　袁先生《先秦儒學之人倫思想》一書，原係依據他的碩士論文《先秦儒學人倫德教之研究 ── 以孔孟思想

爲中心》增修完成，顧名思義它主要內容是以先秦孔孟儒學爲圭臬所進行的專業性學術探討，而論文名稱中特別使用「人倫德教」來顯示標題，無乃進一步表明此書洵非只在文字義理上的疏通致遠而已，它除了清楚的理論爬梳外，更願本諸「與人爲善」和「成人之美」之古訓，爲世道人心的匡正扶濟做出積極示範。《先秦儒學之人倫思想》的確如此地兼具哲學思維和社會教化的雙重意義。至於就論述的格度說它也有值得注意之處，蓋本書是採取較爲宏觀的視野，將先秦儒學人倫德教放在歷史傳統的平台上，探問其源、貞定其義和抉擇其流，此自可免於見樹不見林的遺憾，當然利之所在弊亦隨之，本書如果有其不足的話，那就是對於原始文獻的詮釋每每援引舊說而不再重新推敲，尤其是不同學派、不同意見間的對諍與平議，該有的剖析和證立顯然並不刻意追求其周延，這或許是受限於文字篇幅以致不得不如此者。然而話再說回來，儘管本書仍有百尺竿頭、更進一步的發揮空間，終究是瑕不掩瑜的，它也絕對可以充分保證袁先生的學術涵養和學位品質。

筆者有緣能和袁先生相知相與，誠爲畢生一大樂事，而可以跟著袁先生一同見證本書的創作到完成，更是一大幸事，如今本書距它初次呈現的半年之後，歷經文字的潤飾和條理的整當而行將付梓，袁先生特索序於

我，筆者既與有榮焉，自不敢不黽勉以從，乃謹以此文
敬表賀忱並重申雅意。

陳德和序於南華大學哲學研究所

2006 年 11 月 17 日

自 序

　　二十世紀以來，由於西風東漸，吾國固有的傳統文化飽受衝擊。加上功利思想抬頭，人文素養普遍缺乏，世人多以追求私利為重，以致固有的倫理道德，久為國人所忽視，形成了阻礙社會正常發展的墮落風氣。在此民族文化遭受摧殘，倫理思想低迷沉淪之時，吾人處此艱困環境之中，難免會產生極為強烈的憂患意識。為了端正人心，移風易俗，恢復固有的人倫常德，惟有秉持先聖先賢的倫理思想，闡揚人道精神，方能維護善良風俗，強化社會的道德力量，以承繼中華文化的優良傳統。

　　儒家的倫理思想，乃是吾國民族文化的精髓，維繫社會秩序的精神力量。我中華民族，適存於世界，雄踞於東亞，迄今已歷五千餘年之久；其間雖曾迭經變亂，仍能由剝而復，轉危為安，不斷綿延繁衍，蔚為泱泱大國者，其道安在？厥賴人倫脈絡植其基，道德文化張其教，全國同胞謹其行，有以致之而已。

　　敝人出生農家，僻居鄉野，輒思民間風俗之淳樸，德行之敦厚。家人和睦相處，共享天倫之樂；鄰里守望相助，彼此親愛團結，過著與世無爭的寧靜生活。撫今追昔，頗有人心不古，世風日下之感慨。為了提振民族精神，弘揚倫理思想，以加強人倫德教之推行，故特不揣淺陋，選集孔孟二位聖人修身齊家治國之卓著，擇其

精華，詳其出處，加以分析及整理，作爲立論的重點與
方向。一則藉此以律己，希望在日常生活中能夠認真地
去實踐人倫常德，做個彬彬有禮受人敬重的君子。二則
期能有助世道人心之改善，回饋社會恩澤於萬一，而爲
維護民族傳統文化聊盡棉薄之力。

　　攸關儒學之典籍，的確是卷帙浩繁，披檢不易，匆
促付梓，闕漏舛誤之處，在所難免，敬盼學界先進，社
會賢達，不吝賜予指正，俾匡不逮，是幸。

袁純正序於嘉義縣中埔鄉寓所

2007 年 2 月

先秦儒學之人倫思想
－以孔孟思想爲中心－

目　次：

第一章　緒　論

第一節　人倫思想的緣起

　　人倫常德，乃是道德實踐的始基。由於人與人之間的倫常關係，在我們整個生命過程中的確是重要的關係脈絡。人的一切造化，莫不自正家開始；《大學》云：「家齊而後國治」；＜經一章＞《易》云：「家道正而後天下定。」＜下經・家人＞孔、孟思想的宗旨，就是要建設一個天下一家的大同社會，所以特別重視人倫教育，希望能從人倫的基本關係脈絡開始，透過教育的力量，以促進倫理道德的實踐。人類有了和平博愛的好道德做基礎，便可推廣「社會倫理」，以王道思想為動力來同化世界各民族，使之進入大同之治。

　　周公制禮作樂，為周代文化之元勳；然其言論之見於學理者，亦未有聞焉。孔子認為周文有其道德的核心價值，對於「周文疲弊」非常的關懷，試圖通過周文精神的重新自覺，以建立起新的倫理思想，新的道德觀念。使之成為我國人日常生活的規範。周代之人倫教育，其可見於儒家文獻的，則有孔子所謂的：「君君、臣臣、父父、子子。」《論語・顏淵篇》其於＜子罕篇＞亦有「出則事公卿，入則事父兄」之說；以及孟子所謂的「五倫」。可見儒家的教育思想，貴在務明人倫。而將「五倫」併列在一起的，則始於《中庸》與《孟子》二書；《中庸》

第二十章有謂:「天下之達道五,所以行之者三,曰君臣也,父子也,夫婦也,昆弟也,朋友之交也。」以「五倫」為天下共通的大道理,顯示《中庸》對於倫理思想在興發上有了具體的論見。孟子的思想比較開明實際,特別重視「親情倫理」,故將「君臣」之倫置於「父子」之下,而於<滕文公>上篇提出了「父子有親,君臣有義,夫婦有別,長幼有序,朋友有信」的五種人倫教育。觀其著眼點,則以為父子親情重於君臣之義。由此可知孟子的倫理思想,實係承繼《中庸》後進一步之開拓。

一、人倫思想的開創前期

孔子在創立儒學之前,「禮以順天」的觀念,尚是當時知識分子所樂道的說法。殷人、周人都有相信「天命」的存在和力量。他們認為皇天上帝是至高無上的,人間的帝王乃是天帝之子,是承受天命來治理人民的。帝王及其臣民可以受到天的福佑,也可能遭受天的災禍,因此應當畏天和敬天,祈禱天的保佑。是以《詩經·周頌》有云:

> 我將我享,維羊維牛,維天其佑之。……畏天之威,于時保之。[1]

---

[1] 屈萬里著《詩經詮釋》,<周頌·我將>,頁 562,北市聯經出版事業,1986。「將,進奉也。享,獻也。」

來奉獻上天，祈禱上天的保佑。奉禮祭天的信仰，就是所謂「禮以順天」的形上觀念所引起的。天子、諸侯、卿大夫的「奉禮敬天」，就可以長保社稷；士民的「奉禮敬天」就可以保家室。反之，如果不依禮祭天，逆天行事，就會受到上天的譴責，招來災禍。

　　周人鑒於夏、商的衰亡，從歷史教訓中看到了「天命靡常」、「民心無常，維德是懷」的事實，認爲只有「聿修其德」、「懷保小民，惠鮮鰥寡。」[2] 才能談得上「永言配命，自求多福」，才能「克配上帝」，使天命不致轉移。[3]這些文獻已經說明周人對於天命的認識，已開始從外在超越性的崇信，貫注於由內在道德的培養，以領悟天道的自覺意識，這也是中國人文精神擺脫原始宗教意識的第一步，它爲後來孔孟倫理思想的建立，提供了理性發展的方向，因而儒學才有斑斑可考的精闢論見出現。

二、傳說時期的人倫德教

　　根據古籍所載，我國早在堯、舜時期，就已開始注意到倫理道德的教育。《尙書・虞書・堯典》篇首就曾有這樣的記錄說：

---

[2] 屈萬里著《尙書釋義》，＜周書・無逸＞，頁 155。北市中國文化大學出版，1984
[3] 本段之引文「…」，散見於《詩經・大雅》＜文王之什・文王＞；及《尙書》之＜召誥、蔡仲之命、無逸＞諸篇。

> 克明俊德，以親九族；九族既睦，平章百姓；百姓昭
> 明，協和萬邦。黎民於變時雍。[4]

此言堯帝倡導人倫諸德，自本身而親族，而人民，而國
家，以至於天下，皆能變惡爲善，和樂相處。＜堯典＞
又載有四方諸侯答堯對舜之問曰：

> 瞽子，父頑，母嚚，象傲；克諧，以孝烝烝，乂不格
> 姦。[5]

此爲四方諸侯讚舜之孝德，謂其能「克諧以孝」；於父母
不慈，象之不悌時，仍能修身自治，以孝德感化父母及
象。又曰舜能「慎徽五典，五典克從。」[6]言舜能夠善自
布施五教，五教能夠順利推行。舜帝又讚美契說：「契、
百姓不親，五品不遜。汝作司徒，敬敷五教，在寬。」[7]是
說民眾不親切，父母、兄弟、子女不能融洽相處。契在
作司徒時，能夠謹慎地來布施五教，對人民而不加以脅

---

[4] 景印古本《書經・虞書・堯典》，頁1，北市啓明書局，1959。「於」、音烏。「明」、明之也。「俊」、大也。「九族」、高祖至玄孫之親；舉近而賅遠，五服異姓之親，亦在其中也。「平」、均也。「章」、明也。「萬邦」、天下諸侯之國也。「變」、變惡爲善。「時」、是也。「雍」、和也。此言堯推其德，自身而家，而國，而天下。

[5] 同註（2），＜虞夏書・堯典＞，頁28，「嚚」音銀，「母嚚」，母不慈也。「烝烝」，厚美貌，謂孝德之盛也。「乂」，音義，治也，此謀自治也。

[6] 同註（2），＜虞夏書・舜典＞頁29。「五典」，五教也（父義、母慈、兄友、弟恭、子孝）；義見文公十八年《左傳》。

[7] 同註（2），頁37。「五品」，父母兄弟子也。「遜」，順也；融洽也。「五教」，義同前。「寬」，寬容也。「在寬」，言不加以迫脅也。

迫。足徵虞舜爲倫理道德的創制者，亦爲推行人倫常德的先聲者。

夏朝對於倫理思想的發展，其見於《尙書》者有箕子所述的〈洪範・九疇〉；其中關於人倫教化的有「五事、三德、五福」諸疇：五事是將人之一般行動分作貌、言、視、聽、思五種，而以規則限制之：「貌恭爲肅；言從爲乂；視明爲哲；聽聰爲謀；思睿爲聖。」一本執中之義，而科別較詳。其言三德者：「曰正直、曰剛克、曰柔克。」所謂五福即：

> 一曰壽，二曰富，三曰康寧，四曰攸好德，五曰考終命。

這些有關人類的道德修養，因而確立了我們未來的生活理想，使我們能從客觀的道德實踐中，來善化或美化自己的生命，而後才能一步步登向完美的人格境界。

《尙書・皋陶謨》亦載有皋陶教禹以九德之目，曰：

> 寬而栗，柔而立，愿而恭，亂而敬，擾而毅，直而溫，
> 簡而廉，剛而塞，彊而義。彰厥有常，吉哉！

此與舜之所以命夔者相類，而其條目較詳。大意是說：能夠發揚光大這些美好的德行，國家便能太平吉祥，社會自然安定繁榮。

至於商人的道德觀念，可以「仁」、「愛」兩字代表之。湯之賢相伊尹，欲以堯舜的仁義之道來覺悟天下未知之民；所以他說：

> 思天下之民，匹夫匹婦，有不被堯舜之澤者，若己推而內（納）入溝中。其自任以天下之重如此。

《孟子‧萬章下》

這種「見人之溺，如己之溺；見人之飢，如己之飢」的憂民和愛民精神，把仁愛的道德心表露無遺，所以孟子要讚美他說：「伊尹、聖之任者也。」《逸周書‧寶典》透過武王與周公的對話，而有所謂「九德」之說。「九德」之中包括：

> 孝、弟、慈惠、忠恕、中正、恭遜、寬宏、溫直、
> 兼武 (明刑)。

這些內容涉及到王者修身、敬謀、慎言的原則，重點在講信、義、仁，而其落足點則在於「仁」的上面。武王與周公在彼此對話中說：

> 而其余也，信既極矣。嗜欲惡在，在不知義，欲在有
> 義，是謂生寶。既能生寶，恐未有，子孫其敗。既能
> 生寶，未能生仁，恐無后親。上設榮祿，不患莫仁。
> 仁以愛祿，永維典程。既得其祿，又增其名，上下咸
> 勸，孰不竟仁？[8]

從這些對話看，他們希望在有信、義之后，最好能夠出現上下兢相為「仁」的局面。武王最後語重心長地說：「維子孫之謀，寶以為常！」為後世子孫計，他希望能夠珍視這些原則，以之作為倫常之法。以上所謂這些仁的概念，都為後來以孔子為代表的儒家所積極倡導的藍本。

---

[8] 黃懷信、李景明主編《儒家文獻研究》頁 208－209，山東曲阜師範大學，齊魯書社，2004 。

　　《尚書》有今文古文之分，今文尚書為伏生所口傳。漢景帝時，魯恭王在孔子舊宅夾壁中所得之古文尚書，為真古文尚書，約於西漢末兵亂中亡失。晉以後流傳之古文尚書，乃出於偽作。即今文尚書，其中的虞夏商書，亦非真正出自虞、夏、商人之手。周書中的西周各篇，亦不乏後人託古之作。根據歷代治尚書之各家考證所得之結論為：伏生口傳之今文經凡二十九篇；孔宅夾壁中所得之古文經，比今文經多出十六篇。又《釋文》云：「馬（融）鄭（玄）之徒，百篇之序，總得一卷。」以一加四十五，共計四十六篇。則《漢書·藝文志》所錄古文經四十六卷，其說較為可信也。〈堯典〉之作成，按屈萬里先生之考證，當在戰國初年，為儒家者流，根據傳說而筆之於書也。如就以上論證推之，則堯舜時代的人倫教化，當屬時人根據民間傳說而立言也。

第二節　周代的人倫德教

一、金文中的人倫常德

1、德：有關周代金文「德」字的構形，最早出現於西周康王時的《盂鼎》中，其銘文說：

> 今我惟即型稟于文王正德，若文王令二三正，今余惟令汝盂詔艾，敬雍德經。

大意是說：如今我要效法稟承文王純正的德行，猶如王

命令他那兩、三位執政大臣那樣，現在我要命令你盂輔佐我，恭敬慎重地調諧德行綱紀。

周初為了維護宗法政治，即已制訂出一套具體可行的禮法條文。三監之亂以後，為了調整宗族內部的關係，緩和矛盾與衝突，於是大力提倡內心反省，引導人們端正心性，便致力強調「德」；於是德便成為維護和鞏固周王朝政權賴以生存的精神支柱。周人所講的德，其中心內容就是孝悌，即享孝祖先，孝事父母，友愛兄弟。如《克鼎》銘文說：

　　天子明德，顯孝于神。

大意是說天子彰明美德，對祖先神靈顯其孝道。又歷鼎》銘文說：

　　肇對元德，孝友唯型。[9]

大意是說稱揚大德，以孝友為楷模。前者以享孝祖先神靈謂之明德；後者以孝事父母友愛兄弟為效法之楷模，謂之為「元德」。[10]穆王時的《班簋》銘文說：

　　允哉！顯唯敬德亡攸違。

意思是說：果然是這樣啊！要鮮明地來敬慎德行，才能無所違失。周人講敬德，要求人們敬尚德行，端正心性，就是強調注重現實政治中的人事活動。所敬之德，則如前面《盂鼎》銘所說的「今我惟即型稟文王正德」，以周

---

[9] 「型」於此作「模範」解。

[10] 《詩經·大雅·卷阿》：「有孝有德，……豈弟君子，四方為則。」以有孝道為有德，便可稱之為君子，立為人們的楷模。

文王的純正德行做爲效法的榜樣。遵循先王先公的好德行，做爲自身修養的準則，乃是周初敬德的一大明訓。西周中期以後金文中有許多「秉德」的語詞，如《善鼎》銘文說：

　　　唯用綏福屡前父人，秉德恭純。

大意是說：祈求福佑於前代有文德的祖先，秉承祖先純正的好德行。由此不難看出，「秉德」就是要效法先祖先考的好德行，秉承之後而加以發揚光大。在這一時期還出現了一些新的語詞，如「哲德」、「用德」等等。如《師望鼎》銘文說：

　　　克明厥心，哲厥德。

大意是說：能使心思明亮，德行明智。所稱「明心」「哲德」，就是說要加強內心自我修養，內心明亮便能德行明心」，就可以接近德，領會德的。這已比周初講敬德更進一步，更加具體了。到了戰國時期，金文中還出現了「德行」的辭彙。如《望壺》（音賜）銘文說：

　　　德行盛旺。

大意是說：德行的實踐非常地講究和盛行。於是便有《中山王舋鼎》（古農字）銘文說：

　　　論其德，省其行，無不順道。……庸（用）其

　　　德，嘉其力。……明其德，庸其功。

旨在強調「德」與「行」的統一，要求內心修養與行爲實踐的一致性。「德行」一詞的出現，是在西周中期提倡「明心哲德」和「用德」的進一步發展。「德」「行」兼

---的提出，標明了具有極強的指導性和實踐性的倫理道德觀念，已臻至完善，至此終於成熟。

2、仁：「仁，親也。從人二。」（段玉裁注：「會意。」）仁字出現的時期較晚，初見於戰國金文的《中山王壺》。仁字初義是心思愛惜人的身體。換句話說，就是心裡要時刻想著愛惜人的生命。由此發展成仁愛的觀念，廣泛地流行於春秋戰國之際，這顯然是春秋戰國之際（尤其是戰國時期）儒家提倡的人本思想的反映。孔子說：

> 中心憯怛，愛人之仁也。《禮記‧表記》

仁，就是從愛惜人的生命這一角度立言的。孔子曾批評管仲不儉，而不知禮，[11]但又因為他能輔佐齊桓公稱霸，而在某一時期使天下安定，有利於大眾百姓免於兵燹以保全性命，故而稱讚他說：

> 桓公九合諸侯，不以兵車，管仲之力也！如其仁，如其仁！[12]

孟子說：「仁也者，人也。」謂能行仁恩者人也。又說：「仁，人心也。」謂仁乃是人之所以為心也。儒家提倡仁政，對君王或執政大臣而言，能夠治國安邦和保護大

---

11 《四書纂疏‧論語‧八佾篇》，頁179，台北學海出版社，1980。「然則管仲知禮乎？……邦君為兩君之好有反坫，管氏亦有反坫，管氏而知禮孰不知禮？」「好」謂好會坫，在兩楹之間獻酬，飲畢則反爵於其上。此皆諸侯之禮，而管仲僭之，不知禮也。

12 同註（11）《論語‧憲問篇》，頁296。言如其仁者，又再言以深許之；蓋管仲雖未得為仁人，而其利澤及人，則有仁之功矣。

眾生靈，就是仁德。對於一般士君子而言，則應做到「克
己復禮爲仁」，《論語‧顏淵篇》孔子告仲弓如何行「仁」
之道說：

　　己所不欲，勿施於人，＜顏淵篇＞
就是「推己」的意思，也就是說行仁之道重在一個「恕」
字。一個人能敬以待人，人亦自然敬他；能恕以待人，
人亦自然愛他。接著又告子貢爲「仁」之方說：

　　己欲立而立人，己欲達而達人。《論語‧雍也篇》
是說人要克制自己，自己不喜歡的事物，就不強加給別
人，如果自己歡喜得到的東西，也要使別人能夠得到，
換言之，我們珍惜自己的生命，也就應該珍惜別人的生
命，這是仁愛的出發點。做到了這一點，由此而推展開
來，便能「汎愛眾而親仁」了。

3、義：義字是由禮容法度之意引伸出理義、道義
等倫理語彙。如秦武公時的《秦公鎛》銘文說：

　　克明有心，戾和胤士，咸畜左右，𧽊𧽊（音礚）允義，
　　冀受明德。
大意是說：能使我內心明亮，安定和協世襲的卿大夫們，
廣泛地容留左右臣僚，能夠明白理義誠信，有敬愛光明
美好的德行。

　　《易經‧說卦傳》云：「立人之道，曰仁與義」，人是
指人類社會來說的，人類社會的交往，言行十分繁複，
然而就其行爲準則來看，只有仁義而已。又＜乾卦‧九

加了，他說：

> 天地以合，日月以明，四時以序，星辰以行，江河以
> 流，萬物以昌，好惡以節，喜怒以當。以爲下則順，
> 以爲上則明。萬物變而不亂，貳之則喪也。「禮」，豈
> 不至矣哉！《荀子‧禮論篇》

於此可見，儒家禮學認爲，禮不僅是社會的法度，更將
之與天地自然等同起來。當時儒家禮學的經典文獻，保
留至今的有《周禮》、《儀禮》和《禮記》統稱三禮，而
爲儒學重要經典之一。

5、孝： 中華民族的重視孝道，歷史悠久。在孔子
以前，如《尚書‧堯典》中的帝堯，便以舜有「克諧以
孝」的美德，而選任帝舜爲繼承人。接著大禹以「菲飲
食而致孝乎鬼神」的美德，建立了夏朝。商朝的伊尹以
「奉先思孝，接下思恭」的明訓，奠定了商王朝的倫理
思想。到了周朝，已把孝心和孝行，視爲人民整個生活
文化的道德規範，認爲人的一切愛心和善意，都是由「孝
道」發展出來的。所以在周朝，中國人特別強調尊重長
輩。最初是孝順父母至親長輩，進而引申爲盡「孝道」
的美稱，更進一步則推崇爲孝敬他人長輩，做爲善處人
際關係的倫理準則。在周代金文中，到處充斥著關於「孝」
的紀錄；孝敬尊長，享孝祖先，便被讚譽爲有「德」。如
《史牆盤》銘文說：

> 惟辟孝友。

載：周武王時的《天王簋》銘文說：

> 乙亥，王有大豊。王凡三方，王祀于天室，……衣祀
> 于王，丕顯考文王，事喜上帝。

大意是說：乙亥日，周王舉行盛大的祭祀禮儀。周王對
四方神舉行凡祭，祭祀禮儀在祭天之室舉行。……對先
王舉行盛大祭祀，是偉大顯赫的父考文王，同時大祭天
上的上帝。康王時的《何尊》銘文說：

> 惟王初遷宅于成周，復稟武王豊，福自天。

大意是說：周於開始遷居室到成周，再次稟承武王的
祭禮，舉行福祭而從祭天之室開始。

　　以上兩條金文的紀錄，指明「豊」字語義表示祭祀
禮儀，已是十分明顯。禮字初文本義與祭儀相關，西周
有許多金文可以考證，由此也可得到確認了。孔子於論
禮時說：

> 夫禮，先王以承天之道，以治人之情，故失之者死，得
> 之者生。……是故夫禮必本于天，殽于地，列于鬼神，
> 達于喪、祭、射、御、冠、昏（婚）、朝、聘，故聖人
> 以禮示之，故天下國家可得而正也。

> 《禮記・禮運篇》

意即孔子體悟出各種具體禮制中的「禮」的原則，已上
升到與天地鬼神同列位置，成為人生、國家、社會必須
遵循的法度。禮字的語義，已發展成為意識觀念。戰國
時期儒家興盛，推崇禮學，孔子認為「不學禮無以立」。
《論語・季氏篇》尤其是荀子，對禮的推崇更是無以復

三＞曰：「知終終之，可與存義也。」此句的重點是在一
個「行」字，行即力行；人能堅持終身以「修辭立其誠」，
便「可與存義」了，「存義」就是勉人終身要守義不變。
《禮記・樂記》：「義以正之」，即指義為正當的行為原則。
換言之、人們所應遵循的正當而合理的行為標準就是
「義」。儒家學者倡言仁義，認為它比個人生命還重要，
所以有「捨生取義」的主張，而肯定了個人生命存在的
超越價值。「義」字的語義於是發展成為一種倫理思想，
融匯在儒家的倫理道德觀體系中了。

4、禮： 周代的禮制涉及的範圍十分廣泛，既有繁
瑣的具體的禮節儀式，又包括一系列的制度和規定，以
及貫穿其間的意識觀念。以國家政治制度而言，講官制
的就有一部《周禮》；以人生的生、死、嫁、娶等情形而
言，描述相應的一套繁縟禮節儀式的則有一部《儀禮》；
以關於禮的意識觀念而言，論說禮的原則的還有一部
《禮記》。對於禮的起源和發展，《禮記》中曾有極簡
略的描述：

> 夫禮之初，始諸飲食，其燔黍捭豚，污尊而抔飲，蕢
> 浮而土鼓，猶若可以致其敬于鬼神。

這段話的大意是說：遠古時代，人們將日常的飲食犧牲，
擊鼓作樂等敬奉於鬼神，這就是「禮」的開始。由此可
見，禮的起源與祭祀活動緊密相關，這在西周金文裡是
可以找到證明的。周初有關祭儀的禮字已有明確的記

大意是說：以孝順父母友愛兄弟爲人民效法的典型。此句乃「孝友惟辟」的倒裝語，「辟」同「型」；與《歷鼎》銘文說「孝友惟井（型）」之意思大致相同。又《頌壺》銘文說：

用作皇考龏叔皇母龏姒寶尊壺，用追孝。

大意是說：因而製作這件祭祀我的偉大的父親龏叔母親龏姒的寶壺，是要用來追行孝道的。

人們對於凡能盡孝道者皆美喻之，或稱「孝子」，或稱「孝婦」，如西周金文《多父盤》銘文說：

用錫屯錄受介福，用及孝 𡢁（音默）娌氏百子千孫，……多父其孝子作其寶盤，子子孫孫永寶用。

大意是說：由於接受純正的祿和大大的福，澤及孝𡢁娌氏的百子千孫，……多父這個孝子製作這件寶盤，子孫世代永久珍愛使用。「孝子」「孝婦」同見於一篇銘文，是很典型的例子。此外、孝字還有孝敬享獻之義，這一語義與享字相近。周代金文中所見「享孝」一詞不下數十例。[13]周代祭祀有享獻之禮，稱「享」，享獻即是供奉飲食，對祖先享獻，事死猶事生，也是一種盡孝道的美德體現。

春秋戰國時期，「孝」的觀念廣泛流行。做爲一種社會倫理道德，要求和指導人們孝敬尊長以善處人際關係。上至周天子，下及庶人百姓，人人都應該遵循「孝」

---

[13] 參見《金文詁林》卷 8「孝」字條。

的準則，致力實踐孝順之道。於是儒家奉爲經典的著作，有一部專門講「孝」的《孝經》。《孝經・三才章》說：

16 先秦儒學之人倫思想

> 子曰：「夫孝，天之經也，地之義也，民之行也。天地之經，而民是則之。」

這裡把「孝」與天地相提並論，可謂推崇備至。又＜廣至德章＞說：

> 子曰：「君子之教以孝也，非家至而日見之也。教以孝，所以敬天下之爲人父者也。」

「孝」的語義由善事至親長輩之後，進而發揚光大爲孝敬他人的尊長，由家族倫理演進而爲社會倫理的朗現，於是「孝」的觀念在人類社會中，成爲儒家倫理道德思想最爲重要的核心部分。

6、弟：周代金文弟字多表示兄弟之義，同輩後生的男子就稱作「弟」，是相對兄而言的。如《牧師父簋》銘文說：[14]

> 牧師父弟叔[illegible]（音吉）父御於君。

大意是說：牧師父的弟弟叔[illegible]父侍奉君主之御用。《殳季良父壺》銘文說：[15]

> 用享孝于兄弟婚媾諸老。

---

[14] 《三代吉金文存》8、26。
[15] 同註（13）12、28。

大意是說：用以祭享追孝兄弟姻親以及各位長輩。《素命鎛》銘文說：

> 用其壽老毋死，保虔兄弟。[16]

大意是說：用以祈求高壽不死，保佑我的兄弟們。弟字引申出順從兄長的語義，並由此弟字孳乳出「悌」字，這大概是在戰國時期的事了。西周至春秋金文紀錄的弟字，尚無一例用為「悌」字語義的。先秦古籍如《尚書》、《詩經》、《爾雅》等書所載「弟」字，也皆作兄弟之義。只是在《左傳》、《論語》《孟子》、《禮記》等成書於戰國時期或更晚些的記載裡，才出現以弟字作為「悌」義的。

《左傳·成公十八年》說：

> 使訓卿之子弟，共儉孝弟。

《論語·學而篇》說：

> 其為人也孝弟，……孝弟也者，其為仁之本與？

《孟子·告子下》說：

> 徐行後長者謂之弟，疾行先長者謂之不弟。

《禮記·大學》說：

> 弟者所以事長也。

以上各條記載提到的弟字，其語意都用以表示「悌」之觀念。所謂悌，謂弟弟敬順兄長，此種倫常觀念，乃由弟在兄之下的人倫次第之演化。悌與孝兩者相結合，形成孝悌觀念。儒學推崇孝悌，孟子主張：

---

[16] 同註（13），頁 1、66、2。

> 修其孝悌忠信，入以事其父兄，出以事其長上。
>
> 《孟子‧梁惠王上》

原本爲倫常次第的「悌」，於此時完全演變爲社會的倫理道德觀念了。

7、愛： 此字僅見於戰國時的金文和璽文，更早的字例迄今未有發現。當時金文愛字構形與小篆「旡　」字同構，當爲小篆所本。根據殷代卜辭及西周金文推論，「旡　」、「人」同字異形，可知「愛」字初文是從心從旡（人）會意，心中思人，這便是愛字造文的本義了。所謂愛，就是愛人。這與孔子所說「愛人之仁也」，十分密合。所以，愛字的語義愛人，引申出仁愛、惠愛、慈愛等語義，便大量出現在戰國時期的古文和儒家著述裡。見於古文字材料的，如《㿟壺》（音賜）銘文說：

> 昔者先王慈愛：百謀篤迪亡疆，日夜不忘。

大意是說：以往先王心慈仁愛，各項謀畫篤實進登於業無止境，日夜不敢遺忘繼承王業維艱。

慈愛之本義，原是指父母對幼子的親情之愛而言；後來發揚光大而爲宗親之相愛，進而成爲人類的博愛。如《大戴禮記‧曾子事父母》中所說：

> 孝有三：大孝不匱，中孝用勞，小孝用力。博施備物，可謂不匱矣。尊仁安義，可謂用勞矣。慈愛忘勞，可謂用力矣。

（鄭玄注：「思父母之慈愛己，而自忘己之勞苦。」）這

就是說念及親恩而忘記勞苦，故能用力盡孝了。所謂「博施」，就是以德澤教化加給天下的人民，做四方人民的模範。又孔子於《禮記‧祭義》中說：

> 立愛自親始，教民睦也。……教以慈睦，而民貴有親。

父母對於子女的親情之愛，原是出於天性，後來被君主借用來比喻君民之間的關係，提倡親愛之道以利於統治人民。從此以後，愛的語義就由慈愛發展爲親愛之意，更由親愛進升而爲仁愛之意。仁愛觀念的產生，無疑反映了這一時期社會意識觀念中人倫常德的興起。出現於戰國時期的愛字，原文是從心從旡（人），以愛人的意念爲其語義背景，正是儒家人倫教化的理論基礎。

8、忠： 忠字始見於戰國時的金文，其構形是從心從中，中亦是聲，爲會意兼形聲字，其造字構思當與德字相類。忠字從中，在殷代卜辭及殷周金文中是常見的字，其本義是氏族的族徽旗幟，上古時代以立中聚眾，中字便引申出「中央」的語義來。殷代卜辭及周代金文，中字即用其引申義，表示中央或中正，殷代卜辭紀錄如：

> 丁酉貞：王作三師左中右。

大意是說：丁酉日貞問：殷王建置三師軍隊，分成左、中、右。卜辭中字左、右爲對文，其語意即用以表示「中央」的。《尚書‧周書‧立政》文中也說：

> 司寇蘇公，式敬爾由獄，以長我王國。茲式有慎，
> 以列用中罰。

其末句所稱「以列用中罰」，意謂要加以比較，而使用中正適度的刑罰。上述文獻說明，中字表示中央或中正適度的引申義，在殷周時期已普遍使用了。「忠」字從心從中的造字本義，就是在內心把握適中的原則。內心適中才能處事公正，處事公正才能秉公無私而盡心盡力。秉公無私而盡心爲忠，便被人們肯定，視爲君子之美德。戰國時候的金文《中山王嚳壺》（古農字）銘文說：

> 余知其忠信也，而專任之邦。……竭志盡忠，
> 以佐厥辟，不貳其心。

大意是說：我知道他的忠誠，因而委任他專掌國政。……他竭盡心志盡力效忠，輔佐他的君主，沒有背叛之心。《禮記・祭統》說：

> 忠臣以事其君，孝子以事其親，其本一也。

《孝經・士章》也說：

> 故以孝事君則忠，以敬事長則順，忠順不失，以事其長。

對君王尊長效忠，更與「孝」、「敬」相提並論。忠以事君，孝以事親，敬以事長，三者俱備，是爲有「德」。[17]忠字的語義，便發展成爲一種倫理道德的觀念。不過「忠」字之語，就現今而言，已爲一般人交往時應盡的義務和職責，並不限定於君臣之間。譬如曾子說：「吾日三省吾身，爲人謀而不忠乎？……」又子貢問友時，孔子說：「忠

---

[17] 《左傳・文公元年》：「忠、德之正也。」又〈文公十八年〉：「孝敬忠爲吉德」。

告而善導之。」可見此兩「忠」字，皆指一般人（或朋友）交際間應盡之職責，絕非專指君臣關係而言。

信9、信：「信」字的初文是「從人從口」，規範的構形則是由小篆承傳下來的從言從人，人亦聲的「信」。信字從言從人會意，其本義是以言語取信於人。先秦古籍紀錄了「信」字的本義，如《尚書・商書・湯誓》說：

　　爾無不信，朕不食言。

意謂你如果沒有失信（即言語可靠），我也不會違背諾言。《詩經・小雅・巷伯》說：

　　慎爾言也，謂爾不信。

意謂謹慎你的言語，或說你的言語不可靠。《左傳・襄公二十七年》說：

　　志以發言，言以出信，信以立志。

此條所說「言以出信」，謂言語用來取信於人，最能發覈信字初義，十分切當。以言語取信於人的信字初義，引伸開去則表示信誓之義。信字表示信誓的語義，也見載於先秦古籍。如《詩經・衛風・氓》說：

　　信誓旦旦。

（鄭玄箋：「以信相誓旦旦耳。」）《左傳・昭公十六年》有云：

　　世有盟誓以相信也。

《禮記・曲禮下》說：

　　約信曰誓。

信誓語義如再引申，是為誠信之義，此為朋友交往和處世的準則。

戰國時期，「信」與「忠」相結合，形成「忠信」的道德觀念而被大力提倡。忠心誠信，成為人們做人處世，尤其是敬事尊長的社會規範。戰國金文如《中山王𧆚壺》（古農字）銘文說：

> 余知其忠信也，而專任之邦。

大意是說：我知道他忠心誠信，因而委任他專掌國政。戰國璽印文亦常見「忠信」一詞，可見忠信觀念被士人君子所信從，成為當時道德修養的座右銘。關於信字的產生及其語意發展的過程，《春秋·穀梁傳》有十分詳盡的說明：

> 人之所以為人者，言也；人而不能言何以為人。言之所以為言者，信也；言而不信何以為言。信之所以為信者，道也；信而不道何以為道。道之貴者時，其行勢也。

這段話揭示出以言語取信於人而產生「信」字，信字語義引申為誠信，做為交友的準則。後來，交友的誠信之準則隨時勢需要，再加以推廣而施用於國家外交往來，甚至成為君侯馭民之術。到了戰國時期，「信」與「忠」相結合而形成忠信觀念，成為一種社會道德規範，這與信字初義已有了相當的距離。

10、友：朋友的友字從二「又」，乃表示兩人相互

佑助之意，此即友字本義所在。周初金文尚保存了友字
的佑助之本義，如周成王時的《麥尊》銘文說：

　　終用造德，綏多友。

大意是說：長久地以朋友來增進德行，祈求神靈降賜眾
多的友助。周代金文紀錄的「友」字，或指同官之僚友，
或指同志之友。就朋友之友而言，如《王孫遺者鐘》銘
文上說：

　　用樂嘉賓父兄，及我朋友。

大意是說：用禮樂來快樂嘉賓、父老、兄弟，以及我的
同好朋友。在金文裡朋友之友的語義，又引申出友善、
友愛之義，多用來描述兄弟之間的和睦關係。如《史墻
盤》銘文說：

　　舒遲文考乙公，競爽德純，……唯辟孝友。

大意是說：儀容嫻雅的有文德的父考乙公，性格剛毅，
德行純正，……以孝敬父老友愛兄弟做為準則。又如《歷
鼎》銘文說：

　　歷肇對元德，孝友唯井。[18]

大意是說：歷經頌揚偉大的德行，以孝敬父老友愛兄弟
做為效法的準則。先秦的古籍如《尚書・周書・康誥》
篇中所說：

　　元惡大憝，矧惟不孝不友，……兄亦不念鞠子哀，大不
　　友于弟。

---

[18] 「井」、古通作「型」，此即「效法」的意思。

言人之罪惡莫大於不孝不友。……爲人兄亦不念稚子之可哀，年長的兄長不篤友於幼弟，就是不友。《詩經·小雅·六月》所說：

> 侯淮在矣，張仲孝友。

（毛亨傳：「善兄弟爲友。」）《論語·爲政篇》說：

> 《書》云：「孝乎爲孝，友于兄弟，施于有政。」

以上所引記錄的史實，即在說明周代尊禮尚施，注重人事的文化背景下，本爲互相佑助的「友」之語義，已引申出朋友之友情，更進一步發展而形成友愛、友善的道德觀念。人們把友愛之道引進於兄弟倫常的關係中，並與孝道觀念相結合。[19]

第二節 《三禮》中的人倫教育

從以上文獻可知，我國早在堯舜時代，就已積漸萌生倫理思想。西周初期的聖王賢相，對於人倫常德的倡導，尤其不遺餘力，於是倫理道德的實踐，便已逐漸流行於社會。到了春秋戰國時期，經過孔、孟等儒家學者的提倡和研究，以道德價值論爲中心的儒學便從此奠定基礎，把人倫之道提升到首位，形成了人倫德教的哲學理論體系。

---

[19]、上列金文係參照劉 翔著《中國傳統價值觀念》（詮釋學），頁95、105、116、119、123、131、136、140、151、158。台北桂冠書局，1992。

　　《三禮》為儒家的重要經典:《周禮‧春官大司徒》,
即有開始推行人倫教育的記載。《儀禮》也記錄了當時社
會生活中人與人相處的禮儀規範。其中以《小戴記》內
容能夠切合時用,故其傳承較佳;對於人倫教育的理論,
孔門弟子提供的資料甚夥,茲就人倫教育有關之部分分
述於後:

一、家庭的人倫德教

　　人的一切造化,莫不自家庭教育開始。家庭不但是
兒童的養育場所,也是青少年生活禮節的教育場所。《大
學‧經一章》云:「家齊而後國治。」《易下經‧家人》
云:「家道正而後天下定。」家教的何等重要,由此可見
一般,茲就《三禮》中有關家庭教育的原文節錄於下:
　　1、〈曲禮上〉曰:**毋不敬,儼若思,安定辭。安民哉！**
大意是說:一切行為準則皆以「敬」為基礎,態度要
端莊持重而若有所思的樣子,說話亦要安詳而確定。這
樣才能使人信服啊！
　　2、**禮、不妄說人,不辭費。禮、不踰節,不好狎。**
依禮而言:不可以隨便說人不喜歡的話,不可說些做不
到的話。依禮則行為不越軌,不侵犯侮慢別人,亦不隨
便與人稱兄道弟而裝作親熱。
　　3、**夫為人子者:出必告,反必面,所遊必有常,所習必
有業。**

作爲人家的子弟：出門時要當面稟告父母，回家時也要
這樣。出遊須有一定的地方，所學習的要有作業薄，而
使關心你的父母有所考察。

> 4、爲人子者，居不主奧，坐不中席，行不中道，立不
>   中門。

作爲人家子弟的，平時家居，不要佔住尊長的位置，不
要坐當中的席位，不要走當中的過道，不要站在當中的
門口。

> 5、毋側聽，毋噭應，毋淫視，毋怠荒。遊毋倨，立毋
>   跛，坐毋箕，寢毋伏。

不要側耳作探聽的樣子，不要粗聲暴氣的答應，不要轉
動眼珠看東西，不要懶洋洋的模樣。走路不要大搖大擺，
站著不要跛足欹著肩頭，坐時莫把兩腿分開像畚箕，睡
時不要俯伏在床上。[20] 以上所列之各種家教，除了重視
幼年生活習慣的培養外，亦注重社會品德及知識的灌輸
與陶冶。

二、學校的人倫教育

我國固定有形的學校，早已見諸史乘，夏曰校，殷
曰序，周曰庠。《孟子‧滕文公篇》到了西周，設制的學

---

[20] 以上所錄者係選自《禮記‧曲禮上》，參見王夢鷗註譯《禮記今註
今譯》，頁 1、4、12、13、23。台北台灣商務印書館，1981。

校已經非常普遍：家有塾，黨有庠，術有序，國有學。[21]
《三禮》中有關人倫教育之論述甚夥，茲就《周禮》與
《小戴記》所載者節錄於後：

　　1、　西周的國學─大學，特別重視禮樂，王子王孫，
亦須接受此種教育，故《禮記・文王世子》有云：

　　　凡三王教世子必以禮樂，樂所以修內也，禮所以修外
　　　也。禮樂交錯於中，發形於外，是故其成懌，恭 敬而
　　　溫文。

其中「樂所以修內」，旨在修好家庭倫理；「禮所以修外」，
則在修明社會倫理。至於所教的內容，依據《周禮・春
官》所記有：「樂德、樂語、樂舞」，其中並以「樂德」
教國子：中和、祗庸、孝友；此即屬於人倫教育的範疇。

　　2、國子小學，《周禮・地官》所載：

　　師氏掌以爲媺詔王，以三德教國子；教三行。

這裡所謂的三德、三行，乃是國子小學教學的科目，
茲就其主要內容略爲加以說明：

　　　（1）三　德：
　　（1）至德以爲道本。
　　（2）敏德以爲行本。
　　（3）孝德以知逆惡。
　　　（2）、三　行：

---

[21]　同註（20）下冊＜學記＞，頁 478。門側之堂謂之塾；五百家爲
　　　黨；術與「遂」通，一萬二千五百家爲遂。

（1）孝行以親父母。

（2）友行以尊賢良。

（3）順行以事師長。

《周禮‧地官大司徒‧保民》教之以六藝：

　　　一曰五禮；二曰六樂；三曰五射；四曰五馭；五曰六

　　　書；六曰九數。

《禮記‧王制》說：

　　　司徒修六禮以節民性，明七教以興民德，……一道德

　　　以同俗。

以上所言五禮即：「吉禮、凶禮、賓禮、軍禮、嘉禮。」
六禮則指民間流行之禮俗如：「冠禮、婚禮、喪禮、祭禮、
鄉飲酒、相見禮。」這些禮節的講求，實為人倫常道的
具體表現。明七教就是要昌明「父子、兄弟、夫婦、君
臣、長幼、朋友、賓客」與「一道德」的人倫教化。明
顯地是在注意德育的培養，以促進倫理道德的實踐。

　　此外，《周禮‧地官大司徒》又載有：「以鄉三物教
萬民而賓興之。」則為與社會有關的人倫教化。所謂「鄉
三物」則是：

　　　一曰六德－智仁聖義中和。

　　　二曰六行－孝友睦姻任恤。

　　　三曰六藝－禮樂射御書數。

其中的六德，為本身在道德上修養之事；六行為表現於
外的道德行為。至於六藝中的「嘉禮」，其中所包括之「五
禮」已於前面提出說明。周代社會教育的內容，即「以

五禮防萬民之偽而教之『中』；以六樂防萬民之情而教之
『和』。」[22]這些都是人倫教育的重點，亦即培養國民道
德的基礎教育。其目的顯然是在養成人民知禮守法，克
盡本分的良好品性，並不偏於知識方面的灌輸。

　　至於有關人倫的道德教育，先秦儒家早已注意到這
些珍貴的文化資源，故於《三禮》各章中討論道德教育
方面的題材甚多。孔子繼承和發展了周人尊禮教，重人
倫的文化傳統，他於人倫之道的精義，在《禮記》中曾
有如下的說明：

　　　　立愛自親始，教民睦也。立敬自長始，教以慈睦，而
　　　　民貴有親；教以敬長，而民貴用命。教以事親，順以
　　　　聽命，錯諸天下，無所不行。」[23]

曾子最是懂得孝道之人，他認為：

　　　　居處不莊，非孝也；事君不忠，非孝也；蒞官不敬，
　　　　非孝也；朋友不信，非孝也；戰陳無勇，
　　　　非孝也。五者不遂，災及乎身，敢不敬乎？[24]

儒家所倡言的這些寶貴理論，正是推展人倫德教的重要
文獻，本書將與其他經典有關部分互相配合，而於各章
中分別予以詳加討論，於此從略。

---

[22]《周禮·　地官大司徒》。

[23]王夢鷗《禮記今註今譯·下冊·祭義》，頁 612；台北市，商務印書館，1969。

[24]高明《大戴禮記今註今譯·曾子大孝》，頁 176；台北市，商務印書館，1975。

第二章　人倫德教的內容暨功用

儒家的學術思想，在我國古代社會生活中，具有人文化成的薰陶作用，因此先秦的儒家，無不重視有關人倫常德的道德教育。孔子說：

> 教以孝，所以敬天下之爲人父者也。教以弟，所以敬天下之爲人兄者也。教以臣，所以敬天下之爲人君者也。[1]孟子也說：

> 學則三代共之，皆所以明人倫也。人倫明於上，小民親於下，有王者起，必來取法。[2]

倫的意思，係就人事而言。《書經》有云：「彝倫攸敘」，[3]意指人事常道，應該秉彝人倫，使之安定協合，而爲治理天下之大法。是故三代聖王之道，足爲後世治國者所取法，原因即在此。「君子以成德爲行。」《乾卦・文言傳》可見人倫德教實以道德實踐爲依歸，社會的一切禮儀規範，都是由此衍生出來的。

第一節　人倫德教的主要內容

---

[1] 《孝經・廣至德章》第十三。
[2] 《四書纂疏・孟子・滕文公上》，頁 418，台北學海出版社，1980。「倫、序也。父子有親；君臣有義；夫婦有別；長幼有序；朋友有信。」此五者，人之大倫也。
[3] 《書經・周書・洪範》第六卷，頁 74，台北啓明書局，1959。

　　孔、孟二位先師所揭示的人倫德教，是以五倫爲道德的基本內容。其中包括了「家庭倫理」與「社會倫理」兩大部分；析而言之，也就是孟子所謂的五種人倫關係。由於人與人之間，有種種天然或人爲之交互關係：如父子、兄弟是天然的關係，稱之爲「天倫」。君臣（國家與人民）、夫婦、朋友，是人爲的倫理關係，稱之爲「人倫」。儒家把人與人的人際關係，分爲五類，每類都有彼此相親相愛的道理，稱之爲「五教」。如（1）「父子有親」：即父母要慈愛，子女要孝順，這是人類的天性，也就是我們所說的「天理」或「人道」，它是維持社會秩序的道德規範，《易經・序卦傳》有云：

> 有天地然後有萬物，有萬物然後有男女，有男女然後有夫婦，有夫婦然後有父子，有父子然後有君臣，有君臣然後有上下，有上下然後禮義有所措。

此言循自然發展之跡而知秩序之當重也。以天道之秩序，而應用於人類社會，則凡不合秩序者，皆不得爲道德的規範，由此而形成了以人道爲核心的哲學體系，它是五教的起點。（2）「君臣有義」：即國家對人民要愛護，人民對國家要忠心，這是辦理公務的常規，公忠體國的極則。（3）「夫婦有別」：即夫婦之間要懂得相敬相愛，真誠相待，各司其事，家庭自然美滿幸福。（4）「長幼有序」：即長幼間的相處，能夠各守分際，謙讓互助，社會生活便能井然有序。（5）「朋友有信」：即朋友間的相處，貴能篤實不欺，相與爲善，人人能夠互信互助，社會自

然安定繁榮。此外，還有《禮記‧禮運篇》所謂的十義：

> 父慈、子孝、兄良、弟悌、夫義、婦德、長惠、
> 幼順、君仁、臣忠。

以及《左傳》隱公三年所舉的六順：

> 君義、臣行、父慈、子孝、兄愛、弟敬。

這些都是儒家所謂的倫常之道，其中的每一種關係，便成為一倫，每一倫都有一種標準的情誼和行為。此種思想影響中華文化達數千年之久，所以這些傳統的倫理道德，也就成了人倫德教的立論基礎。於茲僅就其要點分別列述於後：

一、家族倫理

家族為社會、國家之基層組織，無家族，則無社會、無國家。是故家族的倫常之教，則為吾人修身進德之開始。凡是修德之人，首先必須實踐父子、兄弟、夫婦之倫；此即人生之本務，亦即人與人相處之道。所以子弟的本務為「孝弟」，夫婦之本務為「和睦」。家人之間要想和樂相處，維持良好的親情關係，就應該要認同晏子與齊景公對話時所說的人倫大禮，確實做到：

> 父慈、子孝、兄愛、弟敬、夫和、妻柔、姑慈、
> 婦聽[4]的倫常之道。因為父慈愛教子必嚴；子孝父

---

[4] 語見《左傳‧昭公》二十六年。

而箴諫必切；兄愛而友其弟；弟敬而順其兄；夫和睦而有情義；妻柔順能守貞節；姑尚慈而不自專；婦敬聽而能婉順。這些表現於日常生活中的人倫常德，都是社會上很好的道德規範，確有值得人們取法的地方。古人說：「百善孝為先。」四維八德，以孝順為根本；「父兮生我，母兮鞠我。」《詩經‧蓼莪》一個人如果不能孝順父母，友愛兄弟，就是忘了根本沒有良心的惡棍，何能效忠於國家，取信於朋友？所以古時的國家選拔人才，最主要的就是考察人的品德，而考察品德的先決條件，就是從「孝」字著眼。家庭倫理可以分為「父子、兄弟、夫婦」三方面的關係：

（一）父母子女：

父子親情，出於天性。父慈子孝，非外界輿論之所勸，法律之所強。是故父母之為其子女，子女之為其父母，皆能去私克己，勞而無怨，超乎利害得失之表，此其親情之所以為寶貴也。這種人倫之道的展現，乃是應然決定實然，價值決定道德，合乎天理，順乎人情的道德實踐。孩童對於父母，由朝至夕，最為親近，故稱之為雙親。父母撫之育之，教之養之，以至於長大成人，這種「欲報之德」，可以說是「昊天罔極。」[5]所以子女

5　《詩經‧小雅‧蓼莪》，言父母的恩德，如同昊天一樣無窮無邊的

的孝順父母，乃是天經地義的事情，而為世界上最偉大的人倫之道，我們對於父母，那裡可以不孝順呢！如果對父母不能孝，則對他人必不愛，對國家必不忠。所謂「孝弟也者，其為仁之本歟！」《論語·學而篇》也就是說我們要行仁道於天下，必先行孝悌以事父母兄長。孟子說：

> 不得乎親，不可以為人；不順乎親，不可以為
> 子。《孟子·離婁上》

所以我們奉養父母要像虞舜一樣，雖然父頑而母嚚，仍須得其歡心，樂其耳目，豐其飲食，安其寢處，才算是善盡了孝道。荀子以為子女對父母親的「敬愛」和「義分」，乃是出於天性，而是永不休止、永不竭盡的。所以他說：

> 故勞苦彫萃，而能無失其敬；災禍患難，而能無失其
> 義；則不幸不順見惡，而能無失其愛，非仁人莫能行。
> [6]詩曰：『孝子不匱』，[7]此之謂也。

所謂「義分」，乃是出乎天理；而非外界輿論之所倡，法律之所強。是故親之為其子，子之為其親，去私克己，

大；想要報答父母之恩，可以說是永遠也報答不完的。

[6] 李滌生著《荀子集釋·子道篇》第二十九，頁651，台灣學生書局 1981。「彫」、傷也。「萃」、與「悴」同。言勞苦、彫傷，憔悴之時，事親而不失其敬；災禍、患難之中，事親而不失其義；就是不幸以不順於親而見惡，也能夠不失其愛親之心，不是仁人就不能做到。

[7] 《詩經·大雅·生民之什》既醉第五、言孝子的孝心是永遠沒有匱竭的時候。

勞而無怨，而能行之若素，永不怠慢和休止的。

曾子對於孝順之事詮釋得最爲清楚，他說：

**父母愛之，喜而不忘；父母惡之，懼而不怨；父母有
過，諫而不逆；父母既歿，以哀，祀之加之。**[8]

如能這樣，孝敬父母之道，便可以算是做得很完善了。
不過順親之心，以達成父母的心意，雖然是實踐了「孝
順」之德，但若不問父母所爲是與不是，祇知順從而不
予勸諫，亦將陷親於不義。是故孔子於論孝時，而有「幾
諫」的明訓。至於真正懂得孝道的人，並非祇注重父母
的口體之養，而且還要用心地去繼志述事，做到：

父在觀其志，父歿觀其行，三年無改於父之道。

《論語·學而篇》

如此才不會忘記父母的德行，能夠順親之意來修養好的
品德，這纔是真正懂得孝道的了。

能慈必有愛，有愛始能鞏固親情。可以培養出既富
感情又重理智的子女。因此、父母對於子女，亦應表現
「慈愛」之德；爲人父母者，不但要好好養育子女，同
時還要用心教育子女，使之人格健全，才德兼備，將來
出身社會才能立身行道，才有延續文化生命的意義。爲
人父母者，如果祇知養而不教，也是不足以善盡「慈愛」
之心的。因爲慈者，並非溺愛之謂，而是爲其子女終身
之幸福著想。子女的嗜好，如果不問是非邪正而使之常

---

[8] 見《大戴禮記·曾子大孝》第五十二。

獲滿足，則將貽患於一生，成為愛之足以害之了。

（二）兄弟姊妹：

兄弟姊妹原是同胞手足，骨肉相連，情同一體。幼時同受父母之愛撫，食則同席，學則并几，游則同方，如手足之左右然。故兄弟姊妹的友愛之情，亦如父母之愛情然，本乎天性，並無利害得失之計較，雜於其中，實為人生之至寶，雖珠玉不足以易之，自非他人之感情所能及。試看曹植所吟的《七步詩》云：

煮豆持作羹，漉菽（豉）以為汁。其在釜下燃，
豆在釜中泣。本是同根生，相煎何太急。[9]

我們一聽到這首詩，都會感到「於我心有戚戚焉。」可見手足親情，乃是天理的自然流露。所謂「長幼有系」，就是要做到「兄友弟恭」，懂得互相禮讓，在生活方面能夠彼此照顧，在事業方面能夠合作無間，充分表現出「友悌」之德。兄弟能夠和睦相處，家庭自然快樂幸福；彼此能夠同心協力，相互扶持，事業也可順利發展起來。

孟子並以虞舜善待其弟象為例，道出了兄長的「友愛」之德。他說：

仁人之於弟也，不藏怒焉，不宿怨焉，親愛之而已矣。」

---

[9] 曹植《七步詩》，初見《世說新語・文學》第四。

10

舜之弟象，至爲不仁，天天想要加害兄長；及至舜立爲天子之後，仍然和他親近，對他愛護，將他封在有庳的地方，使之 榮華富貴起來。像舜與象這種弟極不恭，而兄極悌的例子，正是「友于兄弟」的最好說明。總之、兄弟姊妹，必須心存敬愛，懂得禮讓，才能友恭相處。

（三）夫　婦：

夫婦雖非骨肉之親，但一經配合之後，就應苦樂與共，休戚相關，而爲終生相敬如賓之伴侶。可見夫婦相處之道，則是一個「敬」字，孔子答魯哀公問曰：

妻也者，親之主也，敢不敬與？[11]

爲人之妻者：主持中饋，相夫教子，勞而不怨，固然值得尊敬。但是夫爲一家之主，生財理事，經營生活，負有養家活口的重責大任，也是值得妻孥所尊敬的。因此夫妻應該「相敬如賓」纔是。夫妻本是家庭的中心，而爲人倫之大始。《易》云：

有男女，然後有夫婦；有夫婦，然後有父子。

《易經·序卦傳下篇》

由此可知父子兄弟的關係，源自夫妻關係所衍生。所以夫妻必須和睦相處，夫唱婦隨，夫婦能和悅相處，小之

---

[10] 同註（2）《孟子·萬章上》，頁471。「藏怒」，謂藏匿其怒；「宿怨」，謂留蓄其怨。

[11] 《禮記·魯哀公問政》第二十七。

為一家之幸福， 大之致一國之富強。俗語說：「家和萬事興。」夫和而義，妻柔而正，自然可以「宜室宜家」，而使家庭美滿幸福。

愛為夫婦之第一要義，夫妻雙方能夠互相愛顧，各舍其心中的私利，而互致其情，互成其美，此則夫婦之所以為夫婦之道，而實為人生最珍貴之感情。有此感情，則雖在困苦顛沛之中，也能以同情之心互相慰藉，而別生一種快樂之感覺。否則感情一薄，厭棄嫉妒之念，便會乘隙而生，雖名為夫婦，而實則如同陌路，縱使每天處於華廈之中，又何曾有真的幸福可言。

二、社會倫理

社會倫理，乃是人倫關係社會化的產物。其目的即在利用教育的力量，以全體國民為施教的對象，為社會樹立良好的道德規範，以便建設一個和平安全的社會。社會秩序的維持，有賴「社會倫理」的實踐。我們必須加強推廣「社會倫理教育」，以德教禮教為重點，來改善人民的品德和行為，才能建立起一個安定祥和的社會。社會倫理又可分成君臣（或國家與國民；長官與部屬）和朋友兩部分。此外、屬於師生關係的「校園倫理」，亦為社會倫理重要的一環，故特設專欄於後，以便同時予以討論：

（一）君 臣：

社會上的人倫常道，也是互待互成的。君臣（國家與國民）如欲維持良好的關係，就必須做到君敬臣忠，互相敬重。所以孔子說：

君使臣以禮，臣事君以忠。《論語‧八佾篇》

孟子也有這樣的看法，所以他說：

君之視臣如手足，則臣視君如腹心。

反之、如果：

君之視臣如草芥，則臣視君（就會）如寇讎。

《孟子‧離婁下》

是故、做國君的一定要推恩以行仁政，愛護人民；做臣民的一定要做到尊君敬長，明禮守法。如果國君與臣民之間，不能依其人倫大節而行，那就要變成有如齊景公所說的一樣：做國君的不像個國君的樣子，做臣民的不能盡到臣民應盡的本分，以致於弄得天下大亂了。孔子於答魯哀公問政的時候，曾經提出治理天下國家的大事，一共有九種重要的法則，茲節錄於下：

（1）修身、（2）尊賢、（3）親親、（4）敬大臣、（5）體群臣、（6）子庶民、（7）來百工、（8）柔　遠人、（9）懷諸侯。《中庸‧魯哀公問政章》

這九種國家的政事，也可以說是我國政治倫理的主要內容。至於君民相處之道，孟子的政治思想是以民為中心的，故其論君之道，重在貴德愛民。所謂「貴德愛民」，

就是要愛護人民，推恩以行仁政，做好「養民」與「保民」兩件大事：

1、養　民：「國以民爲本，民以食爲天」，所以政治之首要在「養民」。《書經》有言：「德惟善政，政在養民。」〈大禹謨〉孔子論政，係以「足食」爲先。孟子以爲要使「黎民不飢不寒」，「養生喪死無憾」才是「王道」的開始。《孟子‧梁惠王上》爲期達到這個目的，就必須做到下列的三種政策：

（1）爲民制產：孟子認爲「民無恆產，則無恆心」。是故明君要爲民制產，一定要使其在生活上：

> 仰足以事父母，俯足以畜妻子。**樂歲終身飽，凶年免於死亡。**《孟子‧梁惠王上》

否則、在飢寒交迫之下，人民「救死而恐不贍，奚暇治禮義哉？」[12]孟子之言，不但上承孔子「先富後教」之義，而且與管仲所謂：「衣食足則知榮辱，倉廩實則知禮義。」《管子‧牧民篇》其意思亦正相同。

（2）不違農時：孟子認爲使民之道不但要與民同好惡，而且還要與民同憂樂。對於農家而言，最重要的是勿奪其耕種之時，所以孟子說：

> 不違農時，穀不可勝食也。……斧斤以時入山林，材木不可勝用也。雞豚狗彘之畜，無失其時，七十者可以食肉矣。百畝之田，勿奪其時，數口之家可以無飢

---

[12] 《四書纂疏‧孟子‧梁惠王上》，頁 364，台北學海出版社，1980。

矣。《孟子·梁惠王上》

（3）**薄其賦斂**：儒家向來主張輕徭役，薄賦斂，以什一之稅為常則。善政既以養民為先，所以有德的明君，就應發政施仁，節用而愛民，輕徭而薄賦，一切以民生安樂為政經的綱領。孟子的政治思想，認為君王應該推仁心以行仁政，務使天下之人各得其所，各安其生，對於自古行之已久的：

> 布縷之征、粟米之征、力役之征；君子用其一緩其二，
> 用其二而民有殍，用其三而父子離。

認為應該「用其一而緩其二」，[13] 此即為其薄賦斂，重民生的養民主張。

2、保民之道：孟子認為保民之道，就是要隨時注意人民的生活疾苦，誠心為民抒困，能夠以「不忍人之心」，推為行「不忍人之政」。所以他對齊宣王說：

> 故推恩足以保四海，不推恩無以保妻子，……今恩足
> 以及禽獸，而功不至於百姓者，獨何與？[14]

蓋推恩必自孝悌始，古之人必先由親親推之，然後及於仁民，又推而至其餘，然後及於愛物；皆是由近以及遠，自易以及難。可是齊宣王見牛之觳觫而不忍殺之，卻反而不能推恩而功至於百姓，是故孟子謂其愛物之心重且

---

[13] 同註（12）《孟子·盡心下》，頁546。言「征賦之法，歲有常數，然布縷取之於夏；粟米取之於秋；力役取之於冬；當各取其時，若并取之，則民力有所不堪矣」。

[14] 同註（12）＜孟子·梁惠王上＞，「保民而王」，頁360。

長，而仁民之心輕且短。心之有所偏詖，不能善推其所
爲，因而失其當然之序，此即不知保民之道所致。

戰國時代，諸侯爲了擴充勢力範圍，相互攻伐不已，
「爭地以戰，殺人盈野；爭城以戰，殺人盈城」。《孟子‧
離婁上》孟子認爲這是：

> 率土地而食人肉，罪不容於死。[15]

凡是殘民以逞，未盡「保民」之責者，孟子皆嚴加貶斥。
並且告誡當時的諸侯說：如果不能推行仁政，就會失去
民心，連社稷也保不住了。《大學》以殷紂喪亡的歷史
事實來舉例說：

> 道得眾，則得國；失眾，則失國。

> ＜傳之第十章＞

是說能得民眾之心，就能立國；如果失去民心，就會亡
國。一國的國君（領袖），如果能以仁心來治理國政，人
民一定快樂，政治一定清明，上下和合，國家必然興盛。
「養民」和「保民」的重要性，於此可見一般。因此做
國君的，一方面是要修德愛民，以「不忍人之心，行不
忍人之政」，使黎民百姓皆有恆產，能夠養生喪死無憾。
一方面是要「保民如赤子」，教之以孝弟人倫，使匹夫匹
婦各得其所，大家都能安居樂業，才算盡到了保民的責
任。另方面要言而有信，孔子說：「爲政不在多言。」在

---

15 同註（12）＜離婁上＞‧「善戰者服上刑」，頁 448。言善戰之人，
　殺人盈城盈野，其罪難免於死刑。

上位的人君能夠勤儉愛民，以身作則，就無須在口頭上
講來講去，便自然草隨風偃，而使社會風氣改觀，人心
向善了。

（二）朋 友：

在人際關係中，朋友的交往重在一個「信」字，古
人說：「人無信不立。」取信於人，為立身之根；取信於
民，為治國之本。國際之間，更要講求信義。晉文公能
夠不失信於楚成王，於城濮之戰時「退避三舍」，取
信於諸侯，故能稱霸於春秋。所以孔子說：

**人而無信，不知其可也。大車無輗，小車無軏，其何
以行之哉？**《論語・為政篇》

「信」的意義有二：一即說話必須真實；二即說了話必須
能踐言。人而無信，則他人對之毫無信用，如何能在社
會上立身處事呢？是故孔子以「無輗、無軏」的車為
喻，說明人而無信是行不通的。誠信為交友之第一本務，
苟無誠信，則猜忌之見，無端而生。我們與朋友交
往，必須要做到誠懇待人，言而有信。彼此間的相處，
要懂得互相尊重，篤實不欺，才能友誼永固。朋友能夠
匡正彼此之過失，凡人不能無偏頗之見，而於意氣用事
之時，則往往不遑自返，這時如能得一直諒之友，「忠告
而善導之」，《論語・顏淵篇》就會憬然而自悟其非，其

受益之大，於此可見一般。所以朋友聚在一起，首要的事情是講論道德，切磋學問，「君子以朋友講習」，《易傳‧兌卦》所以朋友之間，尤須做到「以友輔仁」，相與為善，在社會上做起事來，才能相顧相助，合作無間，順利達成目標，以建功立業。如果朋友有了過錯，我們就應「忠告而善導之」，以盡到勸勉的責任。

　　至於朋友這層「社會倫理」關係，原是由「親情倫理」的實踐而推展開來的，因此孟子說：

　　　　信於友有道，事親弗悅，弗信於友矣。

　　《孟子‧離婁篇》

所以做人必須先從「親親」開始，然後才能透過關心和恰當的言行，以真誠的態度與他人作親切的溝通，如此才能在社會上與朋友誠信相交，和樂相處，永遠保持純真的友誼。交友之道，正如子夏安慰司馬牛所說的：人與人相處能夠做到「敬而無失，恭而有禮」；《論語‧顏淵篇》四海之內，大家能夠禮尚往來，謙遜守信，就能做到像兄弟一樣的親切，可以交結很多的好朋友了。

　　結交良朋好友，既能成人之善，又能濟人之患。「友者所以益己也」，劉師培自注云：

　　　　人之受友朋之益有三端：一曰可以匡己之德；二
　　　　曰可以助己之識；三曰可以益己之學。[16]

---

[16] 見《倫理教科書》第二冊 36 課「結論」，收入《遺書》（下），頁 2071。

故孔子以「友直、友諒、友多聞」為三益友,其交友之著眼點,則在於對自己的成德成學有所助益。他自述其交友的心得說:

樂道人之善,樂多賢友,益矣!《論語·季氏篇》於此可見其處處表現出虛懷接納,立賢無方的襟懷。

人之經營事業,很少能以獨力成功的;方今交通便利,學藝日新,通功易事之道愈密,如欲創業,尤須結合眾力以成之。故其需要朋友之助力,也因之而日廣。如果萬一突然生病,或遭遇變故,能夠來慰藉和保護你的,除了家人和親戚外,朋友的相助也是很重要的。交友的益處,於此可以深刻體會到的。

(三)師 生:

師者,以先知覺後知,以先覺覺後覺,教人以道者也。師生之間的學校倫理,亦即近人所謂的「校園倫理」。道德文化的傳承,建國人才的培訓,必須依賴良好的學校教育。教師的責任是「傳道、授業、解惑。」(韓愈《師說》)帶領學生跨入文化的殿堂,使他們不祇是以個人「修身、齊家」為滿足;同時還要繼志述事,效法先賢,為人群貢獻心力,達到「治國、平天下」的終極目標。故其所做所為,關係國家社會甚鉅。《大戴禮記》說:

君師者,治之本也。……無君師焉治?

又說:

學則任師，……先則任賢。[17]

即在說明君師是治理國家的根本，沒有君師，國家如何
能治？所以，在大學中必須任用賢德的儒者為師，培養
出優秀的俊彥之士，到政府各機關去服務，才能把國家
治理好。由此可知教育工作者，需要具有宏遠的器識，
專業的學術修養，同時還要具有高尚的品德和操守，健
全的人格和體魄；否則，便不足以為人師，盡到育才興
國的重任。

老師的工作如此艱苦，責任如此重大，其在社會上
的地位，亦應普遍受到尊重。故我國自古以來，對於老
師便極為尊敬，一般家庭甚至有供奉「天地君親師位」
之事，將師長與「天地君親」並列於同等的地位。《禮記·
學記》有云：

凡學之道，嚴師為難；師嚴然後道尊，道尊然後民知
敬學。

大凡在求學的過程中，尊敬老師是難能可貴的；老師受
到尊敬，道術總會受到尊崇，道術受到尊崇，學生總能
知道敬業和向學。《荀子·大略篇》亦說：

國將興，必貴師而重傅；貴師而重傅，則法度存。國
將衰，必賤師而輕傅；賤師而輕傅，則人有快，（即
放肆而輕法度）人有快則法度壞。

---

[17] 高明註譯《大戴禮記·禮三本》第四十二，頁 40；及＜文王官人
＞第七十二，頁 378，台灣商務印書館，1975。＜禮三本＞也見
於《荀子·禮論篇》，或許是從《荀子》裡鈔出來的。

所以尊師重道，歷來都是中國傳統的教育寶典。沒有優良的老師在學校來教導學生，便培養不出愛國、治國、建國的人才，國家那能富強起來！所謂「良師興國」，並非妄言誇飾；試看今天的世界各國，凡是能尊師的國家，他們的科技和學術便沒有不發達的。反之，對於老師輕蔑的國家，他們的文化和生活水準便一定落後，不能跨入文明國家之列。我國古代的文明進步，人物薈萃，能夠彪炳於史冊，而令四夷折服，就是由於國人能夠尊師重道的緣故。

　　尊師即所以重道，師生之間，雖無血源的關係，但從知識生命以及道的傳承而言，老師對於學生的思想言行，負有啓發和指導的責任；對於學生的進德修業，負有感化和教誨的責任。因此做學生的，應該存著感恩的心情，主動地來恢復「尊師重道」的傳統精神，無論是在課堂或校外，都要做到尊師和敬師，使每一位為人師的，都能得到應有的尊敬。這樣，教育的效果才能擴大師生的感情，彼此才能融洽相處。譬如孔門師生之間，其學習生活是道義互勉，患難與共；因此能夠和悅相處，亦師亦友。由於學生有「敬」，老師有「愛」，所以對於學問的切磋，如有困難，就能「相悅以解」，充滿了和樂的氣氛。師生之間，一定要敬愛相處，篤行師友之道，校園之中，才能培養起真摯濃厚的師生情誼。

　　總之，孔子與孟子兩位聖人，都是特別重視「社會

倫理」的。孔子以爲人能「言忠信，行篤敬」，[18]雖然處身於未開化的蠻夷地方，也能行事通達無阻；如果「言不忠信，行不篤敬」，縱然與鄰里相處，也有行不通的地方。孟子則以爲「孝悌」通於諸德，他說：

> **仁之實，事親是也；義之實，從兄是也；智之實，知斯二者，弗去是也。**《孟子·離婁篇》

可見「仁義禮智信」等社會常德，都有涵攝於「孝悌」人倫之中。人有事親敬兄的好表現，便能做到「老人之老，幼人之幼」的社會關愛，進而做到「仁民愛物」，行仁義於天下，而把「社會倫理」發揚到極致，以建立一個祥和安樂的社會。

由於科技進步的日新月異，交通航運四通八達，人們參與國際社會的活動日益頻繁，工商業的經營和投資，文化和體育的交流，造成個體與群體關係多方面的接觸和發展，使得「社會倫理」所涉及的範圍更爲廣泛，於是李國鼎先生而有「第六倫」的提議：舉凡科技倫理、經濟倫理、網路倫理……，都可以附有它的意涵。甚至如果有人提出醫護倫理、工會倫理、工廠倫理、以及海外僑社倫理……等，我們也毋需加以排斥。因爲人倫常道，具有淑世善群的功用，可以安定社會秩序，本來就應該表現到社會的各層面，使人間各種形式的生活，都

---

[18] 同註（12）《論語·衛靈公篇》，頁 308；孔子「答子張問行」之言。

有可供遵循的道德規範。

第二節　人倫德教的社會功能

　　個人依賴社會而生存，每一個人都應重視並踐行社會倫理。但我國由於在君主專政之時，於民則禁其為私，而托以公而亡私之名。於己則任意為私，而使臣民忠於君主一人。同時專制帝王往往乾綱獨攬，不喜士君子動輒以天下國家為己任，士民有圖公事，謀公益者，又加以束縛限制，此人民習於將天下國家之事，視為門外風雨，而與社會公益冷漠疏離，以致人民公德不修，社會倫理也因此而不發達。然而小我存於大我之中，社會的進步便是個體事業發達的前提，大利所存，人我兩益。個人之苦樂與社會息息相關，未有社會皆樂而個人獨苦者，亦未有社會皆苦而個人獨樂者。保全社會正所以保全自身。公與私本不相背，而是互相表裡，以明人己之關係，所以家族倫理與社會倫理的實踐，兩者乃是相輔相成的。

　　社會倫理，是指「個體」與「群體」關係，可以簡稱為「群己關係」。群己關係也是自古有之；在以往中國的社會群體組合，其主要對象是家族和鄉黨，乃是由血緣和地緣形成的。可是現在的群體組織比以前複雜得多了；社會中的團體生活範圍也擴大了。儒家認為人倫常德與社會活動是不可以須臾脫離的，它對社會和諧起著

巨大的作用。道德修養的本身不是目的，其目的乃是為了濟世安民，建立一個祥和安定的社會。儒家提出「五倫」之說，是要從「孝、弟、敬」這三種人倫之道出發，來施行社會教化的。也就是要以五種人倫關係為基本脈絡，再推廣到社會上一切的人際關係，想把一家的規模推行於天下。孔子提出「修己以安人，修己以安百姓」[19]和「博施于民而能濟眾」[20]的目標，即是為了濟世安民；可見其對於倫常教化的社會功能也很重視，並不次於個人品德的修為。就其理想而言，則是要實現天下為公，四海一家，希望整個社會成為「老者安之，朋友信之，少者懷之」[21]的大同社會。並且要以：

父慈、子孝、兄愛、弟敬、夫和、妻柔、姑慈、婦聽。[22]

這些互敬互愛的齊家禮制，來形成一種社會道德的通則，使人人能夠各安其分，各司其職，以促進人類生活的和諧與社會的安定。

一、家庭和睦為社會安定的磐石

健康和諧的社會，必然奠基於幸福美滿的家庭。如

---

[19] 同註（12）《論語・憲問篇》，頁 303。
[20] 同註（12）《論語・雍也篇》頁 212。
[21] 同註（12）《論語・公冶長篇》，頁 201。
[22] 《左傳・昭公二十六年》。

就中國的社會組織而言，無論時代怎麼變遷，文化怎麼創新，人們最基本的生活單位，還是家庭。家人相處，共同生活，自有其生活的模式和軌道可循，此即所謂人倫之道。而人生的一切行事，又實以愛親敬兄為始基，為優先。「孩提之童，無不知愛其親者，及其長也，無不知敬其兄也。」《孟子・盡心上》可知孝親悌長，乃是天性中事，而為行「仁」的根本。做人能夠先務其本，則一切行善成德之道，皆可由此而生，是即所謂「本立而道生」。人能愛親敬兄，就可齊家治國，行仁道於天下。所以大學有云：

> 一家仁，一國興仁；一家讓，一國興讓。
>
> 《大學・釋齊家治國》

孟子也說：「親親而仁民，仁民而愛物。」《孟子・盡心上》這裡所說的「仁道」，正是由「孝道」和「弟道」來發揚光大的。這「孝弟」之道，如果擴而充之，從廣義解釋，可以說就是「仁民愛物」。它是人倫關係的重點，引導我們進入祥和社會的原動力。

人人若能由尊己之親，敬己之長，向外去擴充推廣，而使社會大眾受到感化，能夠篤行「孝弟」，進而可以博愛廣敬，趨向仁道，以提升自己的道德價值，使自己的人格日益高尚。人與人的相處，能夠相親相愛，有了好的道德修養，就能「寬以待人」，禮節周到，民間的風俗也就自然跟著淳厚起來。這就是我們社會能夠如此安定，民生能夠如此康樂的重要原因了。

　　「個人造成社會，社會造成個人。」[23]人自出生開始，
就接受著家庭與社會各種直接與間接的助力，而每一種
助力也都是父母的恩惠，社會的愛心。因此，我們對社
會理所當然地也有一份懷德感恩的心情，也就是說我們
生活在社會之中，對他人都負有一份關愛的責任。為了
要善盡這一切責任，我們就應該把目前的社會，建設成
為一個「老安少懷，朋友互信」的大同世界。這份人生
所應盡的普遍責任，有其普世價值，如果把它落實在人
類的道德實踐上，那就是所謂的「成己、成人」這是我
們依理而盡分的道德責任。人人能夠履行這種道德責
任，自然也就可以移風易俗，而使世道昌明，社會趨向
安定了。

　　倫理道德的實踐，是要人人克守本分，社會才有秩
序可言。荀子對於這點也闡述甚詳，他說：

> 人之生不能無群，群而無分則爭，爭則亂，亂則窮矣。
> 故無分者，人之大害也。……職業無分，如是、則人
> 有樹事之患，而有爭功之禍矣。……故知（智）者為
> 之分。《荀子・富國篇》

荀子所謂的「分」就是制禮明分，使人各司其事，各安
生理。人類為了經營共同生活，就必須正人倫，定職分，
規定享用生活物質的標準。否則就要引起紛爭，社會不
得安寧。有遠見的聖賢，為了防患於未然，所以要制定

---

[23] 胡適《社會的不朽》。

各種禮法來正名定分。世人因此能夠各守其分，各安其業，於是衍生出社會一切的道德規範。由此可知，敦人倫，守本分，乃是導致社會安定的基本力量。

二、倫常之教的社會功能

人乃是社會動物，而為社會的本體。對於這個己身所從屬的社會，我們在道義上負有正己安人的責任。因此，如何發展以家庭倫理為核心的社會教育，來重振我國固有的倫理道德，而使人性明善復初，風俗由漓轉厚，實為復興民族文化當前之要務。孔子所建立的教育理論，是從人的本性出發，以家庭倫理為基礎而進入社會，從社會倫理的經驗，而達到至善的獨立人格之養成。我國傳統的家訓，雖然祇是一些民間的禮俗和格言，但其在社會教化中卻佔有極為重要的一環。習俗，是人類心靈的創造物，它因時代環境的刺激而產生，因大眾的需要與社會的共仰而延伸。人在人群裡生活，其人生價值、態度、行為與習慣，不可能不受社會習俗的影響。因為這些人倫常德的調適得宜，正足以發揮多方面的社教功能。茲就其要點略述於後：

（1）強調修己安民的社會價值

儒家認為道德是社會生活不可須臾脫離的，它對整

個人類社會起著巨大的作用。道德修養本身不是目的，
目的是為了濟世安民，而且只有在濟世安民的事業中，
才能成就圓滿的道德人格。孔子提出「修己以安百姓」，
[24]和「博施于民而能濟眾」[25]的目標，他對管仲雖有批
評，可是仍許以為仁人，就是因為管仲能九合諸侯，一
匡天下，維繫我國傳統文化於不墜，完成了修己以安民
的社會價值。《大學》提出以修身為本，進而齊家、治國、
平天下的條目，成為儒家道德修養的座右銘。它
表達了儒家內修道德外成事功的倫理思想，這種內聖外
王之道，逐漸形成了我國經世致用的人文傳統。

（二）宣揚倫理道德的社教功能

倫理道德為中華文化的精華；我國早在堯舜時代，
即已重視人倫的道德教育。儒家學說是以人倫德教為中
心，其思想極有層次，以為立愛應自親始，故以「父子
之親」列為道德教育之首，特別重視人倫的教化。「大學
之道」即在教人「明德、親民、止於至善。」《大學‧
經一章》也就是教人要明道濟世，把心地安頓在至善的
境界。做人父母的，應修明人生最好的德性，才能去感
化子女和世人，使他們都能革除舊俗和惡習，日新又新，

---

[24]同註（12）《論語‧憲問篇》，303 頁。
[25]同註（12）《論語‧雍也篇》，212 頁。

樂於為善。同時還要教導子女做人處世的道理 ， 把人倫關係調理得十分完善。人能修身明德，孝親敬長，立身社會就能以「仁」為存心，以愛為出發點，而使社會的人際關係得到調和，社會上大多數人的關係能夠相調和，乃是促進社會和諧最重要的因素。

（三）傳承待人接物的禮儀

「禮節為治事之本」。我們待人接物時，不可不知禮節，荀子說「禮所以敬身也。」自古人倫關係，莫不約之以禮。是故守禮不踰，則尊卑長幼各安其序；人我事物各得其宜。我們做人處事，一言一行，必須合乎規矩，纔算是有禮。所以說做父母的，在日常生活之中，就應該教導子女隨時注意禮節，使他們在待人接物時，能夠做到進退有序，應對有節。人人和善有禮，彼此纔能互助合作，互尊互惠；大家都能合作無間，不但辦事方便，而且容易成功，社會自然也就相安無事了。

（四）闡明立身處世的品德

人要立身行道，建立良好的社關係、就必須先修其身，從「格物、致知、誠意、正心」做起。因此做人父母的，應教導子女開始學習為他人所接納的行為、角色與態度。同時還要注意家庭生活品質的改善，使他們耳

所聞者，皆爲忠信之言；目所視者爲仁義之行；口所誦者，皆爲道德文章。如此經年累月，長久行之，必能修身齊家，敦親睦族。將來出身社會，才能推己及人，以誠信待人，立志爲會服務，實現「己欲立而立人，己欲達而達人」[26]的爲仁方法。那麼做起事來，不但能夠左右逢源，無往不利，事業容易成功，而且還能濟世安民，造福社會人群。

（五）調和群己關係的功能

群己關係，就是「個體」與「群體」的關係。也就是要把家庭的「親情倫理」與人群共處的「社會倫理」，經過融通協調之後，使之成爲社會大眾所共同遵守的道德規範。而適當的群己關係，在今天來說，是離不開「公德」與「公義」的。公德與公義源自公心，所以公德的出發點是不自私，凡事能夠「推己及人」，爲別人設身處地的著想。或者把別人的事當作自己的事來辦，這就合乎孔子所謂的「忠恕」之道了。

公義是指社會的正義，就是要我們思考，當個人利益與團體利益有衝突時，應該如何作取捨？如果每個人的自私心太重，凡事都由自己的立場去判斷是非，處理事情，難免失之公正，而使社會陷於入困境。因此，父

---

[26] 同註（12）《論語，雍也篇》，頁212。

母應注意培養子女的公德心，使他們的內心充滿正義感，能夠以高尚的理想與無私的胸襟，坦然地去分辨是非善惡。將來立身社會纔能急公好義，纔有「犧牲小我，完成大我」的忠義精神，熱心地來爲人民造福，維護社會的公道。

（六）表揚忠孝節義的功能

自古以來，我國社會即以忠、孝、節、義爲道德衡量的標準，來分辨個人行爲的善惡，以維持安定和諧的群體生活。凡人之不忠，做事必然有虧職守；不孝，事親必然不敬；不節，行爲必無操守可言；不義，待人一定刻薄寡恩。我們要想化民成俗，維護社會善良風氣，以提升國人的道德觀念，就應該經常舉辦一些表揚忠孝節義的社會活動，才能收到立竿見影之效。

首先就「忠」而言：所謂忠，含有忠誠、忠義、忠勇、忠信之意。朱熹說：「盡己之謂忠」。意思是說與人交際時，要盡一己之心力以待人。我們做人做事，爲國爲民，必須盡心盡力，不避艱險；而且還要內外無二，言行一致。如此纔能盡性情，完職責。以之事國，則忠於國；以之從政，則忠於民；以之對人，則忠於友；以之對事，則忠於職。故忠之一字，實爲吾人獻身社會之首要條件。

其次談到「孝」： 孝道乃是中華文化的標準德目，

它在學術上建立了有系統的理論，成為普及全社會的倫理生活規範。在歷史上奠定了以孝行為最高品德的地位。在法律上則被認定為是非善惡的標準。曾子所傳述的《孝經》，把孝道視為「天之經，地之義，民之行。」《孝經‧三才章》孝為我國傳統的美德。為人子女者，應念及父母劬勞養育之恩，而思有以報之，以盡其應盡的責任。孝是道德的基礎，修身的起點。如果人人都能實踐孝道，不僅可以齊家，建立一個充滿親情的幸福家庭；而且還可以濟世，協助道德教育的推行，以融和社會冷漠的人際關係。

第三就是「節」：節就是氣節，包括人的志氣和品節，它代表著個人人格的高低。父母在平時就應培養子女守節不阿，敦品勵志的情操。將來立身處世，纔能有所為，有所不為。人能辨義利，明取捨，有擔當，肯負責；不為威勢所屈，不為利祿所誘。就能做到「臨財毋苟得，臨難毋苟免。」《禮記‧曲禮上》而使自己的操守清高，臨大節而不可奪。

最後談到義：義為重視人己之分際；亦為人人外在行為所依據的法度。所以孟子說：「義，人路也」。其為人一切當盡之禮數，一切當為之行為；如果行而不正當，或知其正當而不行，皆不得謂之義。古人以為能夠捨己救人謂之義；孟子亦強調「捨身取義」。這都是行義的最高準則。人能基於大義，以仁待人，以義正己，對他人合理公平相待，勿為所不當為之事，即不流於邪

惡，誤入歧途；亦不致妨害他人，造成社會不安。

綜觀以上所言，人能始於事親，善盡孝道，就能移孝作忠，為國家盡大忠，為民族盡大孝。立身行道，有守有為，志節就能堅定不移。言行舉止，完全正正當當，做事自然合乎義理。人而如此，便能正己安人，大公無私，稱之為有道德的君子。社會之所以要表揚忠孝節義，其用意即在此。

「國之本在家，家之本在身。」《孟子・離婁上》安定社會，治平天下，須先從個人的修身、齊家做起。未聞「枉己」而能「正人」者，所以身教重於言教，道理即在此。「一室之不治，何以天下國家為？」[27]儒家的道德教育，是要先從「家庭倫理」修好開始，而把他們所提出的五種人倫關係，由家庭逐步推展開來，希望能由此而實現理想的大同社會。如果人人能把父子相親，兄弟相敬，以及夫妻相愛的事情，都統統做好了。進而便可推展到其他的「社會倫理」，如國家與國民之間享權利和盡義務的事情，朋友之間講信義的事情，自然也都跟著做好了。所以，我們必須記取聖賢的遺訓，徹底地來實踐倫理道德，如此才能「克己復禮」，修己以「安仁」，提升個人人格，使世道人心回歸正途，國家纔能長治久安。

---

[27] 清劉蓉《習慣說》。

三、人倫常德為教民治國之先務

　　人倫德教，乃是吾人立身行道的基礎教育；也是推展「社會倫理」，培養國民道德的起步工作。就人倫關係而言，所謂「孝慈、友弟、敬愛」三者，都是人性合理行為的表現，也可以說是「家庭倫理」的三達德。子曰：「夫孝，德之本也，教之所由生也。」《孝經·開宗明義章》這孝事父母的常行，原是各種道德的根本。一切的教化都是由此發展出來的。而人生的一切德行，又實以愛親敬兄為開始，為優先。所以孟子說：

> 孩提之童，無不知愛其親者，及其長也，無不知敬其兄也。《孟子·盡心上》

人之孝親敬長，乃是天性中事，而為行仁的根本。可見這「孝弟」之道，的確是我們進德修業，造福人群的原動力，對於人際關係的互動與調和，具有興發性的作用。

　　人倫教化的社會功能，不僅可以使人光明德性，而且還教人「知其所止」。世人皆能各守其位，敬而安其所止，以做到「仁、敬、孝、慈、信」這五種至善。便能促進社會的和諧與安定，而且也是治國安民的奠基工作。孔子說：

> 君子之事親孝，故忠可移於君，事兄弟，故順可移於長，居家理，故治可移於官。」
>
> 《孝經·廣揚名章》

我們懂得事親敬長的道理之後，便能篤行孝悌之道。能

夠篤行孝悌的人，就可以把這種孝親的心情，移作效忠於國家，因為忠孝是一本的。奉事兄長能做到「敬」，就可以把這種尊敬的心，移作為敬順上司。家人都能和悅相處，把家裡治理得很好，就可以用這種存心去治理好國家。所以，治家和治國的道理是上下承接，一脈相通的。詩云：

> 『宜兄宜弟。』宜兄宜弟而后可以教國人。詩云：『其儀不忒，正是四國。』其為父子兄弟足法，而後民法之也。此謂治國在齊家。[28]

家既整理好了，那些治家的方法，就可移作治國教民的共通原則。所以孟子說：

> 舜盡事親之道，而瞽瞍底豫，瞽瞍底豫而天下化。[29]

有德的君子，如能修身齊家，縱使沒有走出家門，也能使他們的善教仁政，推廣而至於鄉里全國了。

人之能夠孝順父母，便能悌敬長上，長幼的秩序便沒有不通的。長幼既然順序了，上下尊卑的地位自然也就安頓好了。所以孔子說：

---

[28] 蔣伯潛《廣解四書・大學・治國在齊其家》，頁18，台灣東華書局1969。「宜兄宜弟」一句，見＜小雅・蓼蕭篇＞，是說家中兄弟和睦，才能推其道以教 國之人。「其儀不忒，正是四國」二句，見＜曹風・鳲鳩篇＞，「儀」，是做人的法則。「忒」，是差錯的意思。要自己做人的法則沒有差錯，然後方能匡正四方的國家。如果一家人做父子、兄弟的，都足以使人效法，百姓自然也就效法他們了。這就是所謂「治國在齊家」。

[29] 《四書纂疏・孟子・離婁上》，頁453，台北學海出版社，1980。「底」，解作「致」；「豫」，解作「悅樂」。言瞽瞍雖頑，舜仍能盡人子之道，致使父母歡樂，而不怨父母之非。

故君子不可以不修身，思修身，不可以不事親。[30]
做人必須先修養自己，想修養好自己，便不可以不孝事
親長。「親親，仁也。」儒家言仁，由親及疏，故以「親
親」爲本。人類如果不孝不悌，我們還能算是萬物之靈
嗎？是故孟子也說：

不得乎親，不可以爲人；不順乎親，不可以爲子。

《孟子·離婁上》

必須人人善盡人倫常道，才能齊家治國。國父說：「有道
德始有國家；有道德始成世界。」＜民族主義第六講＞
人民有了好的道德修養，國家社會纔能長治久安，人類
纔能共生共存，這實在是太重要了。是故中國文化係
以明人倫爲教育之先務；以正人倫爲治國之先務。三王
四代，無不以正人倫爲教民治國之瑰寶，詩云：

永言配命，自求多福。[31]

爲了要與天命相配合，只有修明自己的德行，以求諸般
的福祿，才能不失民心而長保社稷。

人倫教化的社會功能，除了在《大學》中提出以修
身爲齊家之本，進而達到治國、平天下的公式，成爲儒
家內聖外王的道德修養外，孔子在《孝經》中也有最爲
詳盡的論述。他說：

先王見教之可以化民也，是故先之以博愛，而民莫遺

---

[30] 同註（29）《中庸·哀問政章》，頁107。
[31] 馬持盈註譯《詩經今註今譯·大雅·文王之什 》，頁438，台灣商務印書館，1988。

其親。陳之以德義，而民興行。先之以敬讓，而民不
爭。道之以禮樂，而民和睦。示之以好惡，而民知禁。
[32]

此謂聖明的君王，看見教化是可以感化人民的，於是就
率先對人民實行博愛，人民就沒有人敢遺棄父母親。用
陳述德義來感動人民，人民就會興起而遵行德義。能用
恭敬和謙讓的態度來垂範於人民，人民就不會有爭奪之
事發生。在上的君王，用禮儀和音樂來引導人民，人民
就會和樂相處，各安生活。把甚麼事情值得喜歡，甚麼
事情應該厭惡加以區別，以昭告人民，人民就會知道禁
止，而不至於犯法了。其間所謂的博愛、德義、禮儀、
恭敬和謙讓，都是最好的道德示範。時至今天，仍為社
會大眾遵行而不悖。

四、社會倫理的弘揚

人之組織社會，與其組織家庭的意義相同，而一家
族與社會的關係，亦猶如一人之與家族的關係。喜羣居
而厭孤獨，乃是人類天生的本性，這種喜羣合羣之習性，

---

[32] 黃得時註譯《孝經今註今譯・三才章》，頁 15，台灣商務印書館，
1990。「化民」，感化人民，使之趨而為善。「陳」，說明、講述。「道
之以禮樂」：「道」即「導」之假借；有領導或引導之意。「禮」是
教化的法則；「樂」是音樂。兩者在古代是維護社會安寧，保持民
心和樂的兩大因素。

尚不以家族爲限；爲了要與他人共營社會生活，我們就必須向外發展，參與學業、習藝等各行各業的社團活動，所以說人天生就是一個要與他人和平共處，共生共存的社會動物。

社會是一個多元的組織，而人心則是一種萬殊的機體。以特立獨行之身，處多元萬殊之局，當然不是人盡從我，就是我盡從人。否則就只有還我初民本性，「與木石居，與鹿豕遊」[33]退居山林，以求獨行其是。就像王維晚年隱居輞川時的心情一樣，試觀其《酬張少甫》詩云：「晚年唯好靜，萬事不關心。自顧無常策，空知返舊林」。其靜觀萬象，空諸一切，心無掛礙，默默素處而以高隱自足。由於在君主專制的長期壓抑下，這種厭世樂天，但求獨善其身而不復兼善天下的感受，代代相傳，深入人心，則爲我國社會倫理不甚發達的緣故。

人之立身行道，與世人和睦相處，講求的是至誠無欺，不忮不求，以營共同生活，互蒙其利。奈何國人缺乏互助合作之精神，對於團體運作沒有信心，以致機心相競，既不能群居無猜，又不能坦然以對，凡事皆以利己爲重，以機變之巧爲權謀；其後果是競爭之心起，傾軋之風生。試看近年來台灣政黨之紛爭，對於國家定位既無共識，又無治國安民的共同理念，導至紛爭之習啓，

---

[33]同註（29）《孟子‧盡心上》，頁 527。言舜少時曾耕於歷山，爲鄉野之人。

各以一黨之私利爲務，而忘卻人民生活之苦難。政客們公德之不修，社會倫理之不顧，莫此爲甚。孔子說：

君子矜而不爭，群而不黨。《論語・衛靈公篇》

是說做人要保持自己的莊正，堅守自己的本分。祇想自己守正不阿，並不故意違戾別人或侵害別人，所以不爭。「群」就是要和群，與社會大眾和諧相處，爲群體利益著想，並不會爲私利而阿比少數之人，所以不會形成偏私之黨。然而今天的社會卻令人髮指，很多人在爭鬥不休，不能堅守正道；很多人不能善群，憐憫人民生活的痛苦，而偏要爲黨營私，孔子的這兩句明訓，對某些政客的言行是很重要的指正。人與人的相處，責己不能不嚴，責人不能不薄。是故孔子說：

君子求諸己，小人求諸人。〈衛靈公篇〉

是說道德修養好的君子，遇事先責求自己，沒修養的小人，遇事則專責求別人。伯夷叔齊的不念舊惡，廉頗藺相如的寬恕之歡，皆爲責人貴寬之美好風範。

責人既寬，則人己互相宥恕，便可常保社會之和諧。人能去忮相恕，就能捨己爲群，由此以團結人民，可以共圖公共利益，共爲人民造福，以建立一個理想的大同社會，使我國的社會倫理能夠早日發達起來。儒家的人倫之教，其主旨即在改善社會，孔孟的教育思想，一切都是以社會爲重點。孔子平時對於一般社會，也都

是以「忠恕」之道待人，而以「躬自厚而薄責於人」[34]為
原則。他說：

> 居處恭，執事敬，與人忠，雖之夷狄不可棄也。
>
> 《論語‧子路篇》

他以為人與人的相處之道，最重要的是要做到恭敬忠
厚，就是到了未開化的邊疆地區，也不可以放棄這種處
世的原則。對於社會福利孔子也很重視，因為他有「老
者安之，朋友信之，少者懷之」[35]的理想。所以他決定
獻身平民教育，提高人民的知識水準，以建立一個富而
好禮的大同社會。孟子對於社會教育、社會倫理，更有
積極的主張，他說為國者應該：

> 謹庠序之教，申之以孝悌之義；頒白者不負載於道路
>
> 矣。」《孟子‧梁惠王上》又說：「老吾老，以及人之
>
> 老，幼吾幼，以及人之幼」，（同前章）

於此充分發揮了他「親親而仁民」的社會思想。正如《禮
記‧禮運大同章》所謂的理想社會。

　　己身倫理，是在提昇個人的德行與品質，家族倫
理、社會倫理則在建立完善健康的社會。所以力行家庭
倫理，推廣道德教育，乃是復興民族文化，促成社會秩
序安定的重要運動。我們必須先從敦親睦鄰做起，進而

---

[34]同註（29）《論語‧衛靈公篇》，頁312。言「責自己厚，責他人薄
　　也」。
[35]同註（29）《論語‧公冶長篇》，頁201。朱注云：「老者養之以安，
　　朋友與之以信，少者懷之以恩」。

再由宗族擴大到國族；使每個人都能愛父母，愛同胞，愛國家，愛世人。以重振我國固有的倫理道德，而使民族文化與民族精神，都能落實於國民日常生活之中。由此足見人倫德教的社會功能，的確可使人性在社會中健全發展，有正人心，止紛爭的濟世作用，苟能充分發揮和運用，社會必然充滿祥和之氣，展現出一個富有愛心的溫暖人間。

第三章 人倫德教的理論依據

第一節 人倫德教的倫理基礎

儒家的人倫思想，實為我國倫理道德精神之所寄，亦為中華文化，精髓之所在。惟其能夠闡明人倫之理，故能啓發良心善性，維持人際關係於不亂，鞏固國家綱紀於不墜。為欲重振倫理思想，提昇國民道德，於此特就先秦具有代表性的教育思想家，列舉其與人倫思想有關的言論加以分析，以明倫理文化之原理，了解人生的真正意義，期使當今的青年學子，能夠掌握人生的方向，敦品勵學，奮發圖強，為自己的理想而奮鬥。大家都能認同生活規範，自動改正不當的行為，如此始能發揮人倫教化的功用。

儒家依據天理人情，順乎人類進化原理，所以特別強調「人文主義」的傳統價值，特別著重人文教化的事業，「先反求諸己以得其誠，復明於倫常以立其德」；於是根據先聖先賢的遺訓，將人與人之間的整個血統和社會關係，融合成一個有系統而完整的倫理組織。中國的人倫常德，經過孔、孟、荀三位聖賢的闡發和整理之後，再加上曾子的徹底宣揚和實踐，終於形成了一個內容充實、組織嚴密的哲學思想體系。而使君臣、父子、夫婦、昆弟、朋友的「五倫」，構成了社會中很有系統的人倫關係，的確為中華民族奠定了倫理文化的基礎。

一、孔子的倫理思想

儒家的倫理觀念源於周代文化，孔子繼承和發展了周人重人倫的傳統，主張仁、義、禮與法令并行，而以德教爲主要內容。提出親親爲人道之主體，對於修身、孝道、仁慈、婦德等道德規範作出有系統的發揮。其倫理思想可以從經傳、時人、及其弟子的言論中，得到下列幾點觀念：

（1）明親親之理：

人倫首重親親。《詩經・蓼莪篇》說：

> 父兮生我，母兮鞠我，拊我畜我，長我畜我，顧我復我，出入腹我，欲報之德，昊天罔極！

父母養育之恩，像天一般的崇高，地一般的深厚，如何報答得了；儒家特重孝道，其理即在此。所以孔子說：

> 仁者人也，親親爲大。義者宜也，尊賢爲大。親親之殺，尊賢之等，禮所生也。《中庸・哀公問政章》

爲人子女者，孝親最爲重要。「思修身，不可以不事親。」我們必須做到愛親、敬親、養親，一切以「禮」事親才對；誠如孔子所說：

> 生、事之以禮。死、葬之以禮，祭之以禮。[1]

如此才不「違禮」，而能合乎人倫之道。親親爲人倫之始，亦爲人倫之序，由此以成家庭，以成社會，而爲倫常之道做好了奠基工作。

---

[1] 蔣伯潛《廣解四書・論語・爲政篇》，頁 14，台灣東華書局，1969。「事之以禮者，冬溫而夏清也；葬之以禮者，爲備棺槨衣衾而安厝也；祭之以禮者，春秋按時祭祀，陳其簠簋而哀思也」。

（２）重男女之別：

自然界的萬物，是由天地陰陽交感而生成的：

> 得乾陽者成男，得坤陰者成女，合而乾始坤終。乾所知者唯始物，坤所能者唯成物，乾施，坤受，是乃道矣。[2]

男女的賦形稟氣，各不相同，不過這祇是就生理上和體能上來說；至於在心智上和能力上則並無差別。但是男女的生活行為等仍有差異之處，自不能強求一致，而應按其秉性分別職分，使其各盡所長，分工合作，以維持正常的家庭和社會生活。孔子治魯，即使男女分塗，有所區別。因為男女異性原自互相牽引，如果加以放任，恐將亂倫滋事。所以我國自古以來，即有「男女授受不親」之說，故特設禮制加以防止，以重人倫之道。

（３）守長幼之序：

人之出生，本有先後之別；年長者，知識和經驗比較豐富，應該扶助和愛護年幼者；年幼者對於長者亦須辭讓尊重，始能和諧共處。故孔子亦重長幼之禮。《禮記·王制》說：

> 父之齒隨行，兄之齒雁行，朋友不相踰。

孔子說：

> 鄉人飲酒，杖者出，斯出矣。[3]

---

[2] 馮斌著《易經孔傳釋義·繫辭上傳》，頁 26、27，台北牧村圖書有限公司，2002。

[3] 《四書纂疏·論語·鄉黨篇》，頁 252 ，台北學海出版社，1980；「杖者，老人也。六十杖於鄉，未出不敢先，既出不敢後。」

是說我們平時與人相處，就是走路和飲酒，也要禮讓長者。孔子強調長幼之序，其目的是在教幼者、少者對尊者、長者有一種敬讓之道，使其在日常生活之中，不致於產生少陵長、幼欺老的失禮現象。我們必須從實際的行動中來養成敬人、愛人的美德，進而培養起敬老慈幼的仁愛思想。這是弘揚家庭倫理，維持社會和諧的實踐之道。

（4）行忠恕之道：

品德修養好的人，做人處世，必能篤守「忠恕」以行「仁義」之道。《中庸》云：

忠恕違道不遠，施諸己而不願，亦勿施諸人。[4]

子曰：「為人謀而不忠乎？」《論語·學而篇》又子張問政時，孔子回答說：「居之無倦；行之以忠。」《論語·顏淵篇》「盡己之謂忠」；我們做人處世，必須盡己之心力，去忠於國，忠於民，忠於事，忠於人，才是人生應守的正道。恕即「己所不欲，勿施於人。」（同前）宋儒朱熹釋「忠恕」云：

盡己之心為忠，推己及人為恕。

《朱子四書集注·里仁篇》

子貢問：「有一言可以終身行之乎？」孔子答曰：「其恕乎！」人的自處不為利欲所支配，而能念念不苟，即是「忠」，做人處事能夠視人如己，不侵人以私利，即是「恕」。劉氏《正義》云：

---

[4] 同註（3）《中庸》第十三章，頁 89 ，「以己之心度人之心，未嘗不同，則道之不遠於人者可見；故己之所不欲，則勿以施之於人，亦不遠人以為道之事。」

> 己立己達，忠也；立人達人，恕也。二者相因，無偏
> 用之勢。[5]

可見「忠恕」乃是達成「仁德」的實踐工夫，如能以此
鍛鍊意志，誠心盡力而為，即可達到「仁」的境界。

（5）以仁德立人倫之道：

人之做人處世，必須心存仁德，思以人倫為本，行
義理以為法。「仁」是孔子思想的核心，他以「愛人」釋
仁，《論語·顏淵篇》又以「克己復禮」為仁，（同上）
勉人「己欲立而立人，己欲達而人」，《論語·雍也篇》
並教人「依於仁」以立身行事，從而建立一套涵蓋浸潤
至為深廣，既兼恭、寬、信、敏、惠於一體，又合忠、
恕、敬、清於一爐的倫理道德規範。

倫常之道，自其德之方面言之曰「仁」，自其行之方
面言之曰「孝」，自其方法方面言之曰「忠恕」。做人能
夠堅持仁道義行，臨事以莊，誠信無妄，才能成為一個
愷悌和樂的君子。因此《易經·說卦傳》第二章說：「立
人之道，曰仁與義。」孔子的倫理思想，實不外「仁、
義、禮」三大觀念。仁義者，純粹之理也；禮儀者，恭
謹謙讓之德也。此為人類社會進化之表徵，亦為人類社
會生存之理則也。人之能夠行仁好義，以禮待人，便能
人得其和，事得其理，如此自然做到仁至義盡，而能「己
立立人，己達達人」了。

（6）以禮教正綱紀：

---

[5] 同註（1）<里仁篇>，頁 39、40。

孔子對禮甚為重視，其教人學禮，蓋「不知禮無以立」，《論語・堯曰篇》他於強調禮的重要時說：

> 恭而無禮則勞，慎而無禮則葸，勇而無禮則亂，直而無禮則絞。《論語・泰伯篇》

又在《中庸・哀公問政章》說：

> 親親之殺，尊賢之等，禮所生也。

認為禮是合情合理的節文。《禮記・經解》云：「恭儉莊敬，禮教也。」夫禮禁於未然之前，有清心治平的功用，而為個人在日常生活中的行為規範，亦為國家民族文明進化的標準。孔子作春秋，訂禮樂，其目的即在：

> 經國家，定社稷，序人民，利後嗣。[6]

想用禮來教化世人，使大家能夠明禮，懂得如何以「禮」來約束自己的行為，不致互相輕慢，臨事粗略，卒釀敗德之行。所以他在《論語・八佾篇》說：「人而不仁，如禮何？」是說「人而不仁」，則人心已亡，必不能行禮樂之事。於是他又對弟子顏淵說：「克己復禮為仁。」意即人能約束自己的行為，修身以復禮才能達到仁，可知「禮」為「仁」之體。而為教化之本，可收治平之效；我們能夠守禮不踰，待人接物，以禮自持，便能正綱紀，美風俗。人與人之間能夠以禮相待，互敬互愛，一切以禮儀為尚，修己以安人，對於人倫常道的實踐，社會秩序的維護，便能產生積極的教化作用。

二、曾子的倫理思想

曾子以事親至孝著稱，深悟「忠、恕」為聖道一貫之旨；以其學傳於子思，後世乃稱為宗聖。所作《曾子》

---

[6] 語見《左傳・隱公十一年》，「莊公戒飭守臣。」

十八篇，至漢代已亡佚八篇；現存《曾子‧立事、本孝、立孝、大孝》等十篇，全數載於《大戴禮記》之中。有關其倫理思想之論述，除《大戴禮記》中之各篇外，在《論語》各篇中亦有少許的記載，其內容皆為人倫常道的精華所在。

（1）大孝尊親而不匱：

曾子認為孝有三種即：
　　大孝尊親，其次不辱，其下能養。
　　《大戴禮記‧曾子大孝第五十二》
大孝是要使父母尊榮，其次是不給父母帶來恥辱，最低的是能供養父母。[7]又說孝的方式也有三種：
　　大孝不匱，中孝用勞，小孝用力（同前）
所謂「不辱」，是說我們做人要潔身自愛，努力工作，不要做出違法亂紀之事，而使生身父母感到恥辱。「能養」，則是做子女最低的表現；我們奉養父母，必須做到既能養口體，又能養志，那才算是最能善事父母的人。所謂「養志」，就是要順從父母的心意，繼志述事。所謂「不匱」、就是能夠「博施備物」[8]，以養父母。孝以尊親為

---

[7] 孟子在<離婁篇>美稱曾子養親能夠養口體，又能養志，可以說是能養了。但養口體只是孝順父母最低的表現，所以說「其下能養」。

[8] 高明《大戴禮記今註今譯‧曾子大孝篇》第五十三，頁179，台灣商務印書館，1975；「不匱」：《詩經‧大雅既醉篇》：「孝子不匱。」「博施」：《孝經‧天子章》第二：「德教加於百姓，刑於四海。」以德澤教化加給天下的人民，做四方異族的模範，這就是「博施」。「備物」：《中庸‧子曰無憂者章》：言武王「富有四海之內，宗廟饗之。」《孟子‧萬章篇》：「尊親之至，莫大乎以天

大，它是諸德之首，實踐人倫常道的起點；因此、孝順父母乃是天經地義的事情。所以孟子說：

孝子之至，莫大乎尊親。《孟子·萬章篇》

周武王姬發，能夠繼承太王、王季、和文王的志業，一統天下，以德政加於百姓，受到天下人民的愛戴，用天下來養父母，自然無物不備，而不致有匱竭了。曾子所謂：「大孝不匱」之用意即在此。武王能夠繼承先人遺志，行仁政於天下；周公能夠制禮作樂，傳述聖人道統，因而天下太平，民生安樂。所以孔子讚美他們說：

其達孝矣乎！善繼人之志，善述人之事者也。
《中庸·武王周公章》

（2）忠信為傳習之本：

孔子於《論語·學而篇》有「主忠信」之言，即我們在平時立身處世時，應多親近忠信之人，是故曾子曰：

吾日三省吾身，為人謀而不忠乎？與朋友交而不信乎？傳不習乎？《論語·學而篇》

可見曾子之為學，不外務，不泛求，專用心於內；故動必求諸身，每日能以忠、信、習三者是否做到來自省其身；有則改之，無則加勉，其自治誠切如此，可謂深得為學之本了。蓋處世之道，以忠信為主；孔子以為一個人如果「言不忠信，行不篤敬。」《論語·衛靈公篇》就是在自己的家鄉，也是行不通的。我們做人處世，能夠親近忠信之人，才能有益立身行道。曾子以為「歡欣忠

下養；為天子父，尊之至也；以天下養，　養之至也。」言武王受到天下人的愛戴，以天下來養父母，自然是無物不備，而不愁匱乏了。

信，咎故不生，可謂孝矣。」《大戴禮記‧曾子立孝》做人能夠歡樂地事奉父母，又能忠誠信實地與人相處，災咎和變故的事，自然就不會發生了。

（3）禮為行為的規範：

禮為個人立身處世時，一言一行的規範。聖人建立五禮「吉禮、凶禮、賓禮、軍禮、嘉禮」來做人民共同遵守的準則，用禮儀來引導人民，使我們在社會活動中，能夠和諧相處。孔子認為「克己復禮」是在行仁道，其細目是要人做到：

非禮勿視，非禮勿聽，非禮勿言，非禮勿動。
《論語‧顏淵篇》

於此即在說明人的一切言行舉止，都要受到禮的節制。曾子能夠承繼夫子的倫理思想，明禮守禮，而無輕慢之行。所以他說：

夫行也者，行禮之謂也。夫禮，貴者敬焉，老者孝焉，幼者慈焉，少者友焉，賤者惠焉。《曾子‧制言上》

而把禮視為實踐一切德行的規範。人人都能知道禮的可貴，以禮自持，不分尊貴貧賤，而在日常生活中能夠以禮相對待，和諧溫馨的社會便能建立起來，世界大同的政治理想也將逐步實現。

（4）士不可以不弘毅：

「士」指學者而言，他們是國家的精英，社會的中堅人物，肩負有端正人心，維護道統的神聖使命，而把行仁視為自己的責任。所負的責任是那麼重，經歷的時

間又是那麼久，而且要走的路也很遙遠；因爲行仁不可
於造次顛沛之時而違之，而且要一直到死爲止。所以曾
子說：

> 士不可以不弘毅，任重而道遠。仁以爲己任，不亦重
> 乎？死而後已，不亦遠乎？

《論語・泰伯篇》

因爲「弘」則志氣遠大，可以任重。「毅」則剛強不屈，
能夠不怕困難，堅持到底，才可以致遠。求仁得仁，「仁
者樂道」，愛人的人以行仁爲樂。此爲士君子努力的方
向，亦爲儒家「立身行道」的終極目標。

（5）不爲富貴而詘己：

君子把「仁」看得很崇高，不委屈自己去做不仁的
事，也不婉曲發言而說不智的話。是以曾子說：

> 君子直言直行，不宛言而取富，不屈行而取位；仁之
> 見逐，智之見殺，固不難；詘身而爲不仁，宛言而
> 爲不智，則君子弗爲也。[9]

因爲君子能夠以仁爲天下之富，仁爲天下之貴，一心崇
尚仁道，故能正直無私，直言直行，不婉曲發言而取得
財富，也不委屈行事以獲得官位。所以曾子說：

> 故君子不諂富貴以爲己說（悅），不乘貧賤以居己
> 尊。[10]

也就是說成德的君子，一切以仁爲尊，以仁爲貴。不諂
媚富貴的人而使自己受到喜愛，也不陵侮貧賤的人而使

82 先秦儒學之人倫思想

---

[9] 王夢鷗 《大戴禮記・曾子制言中》，頁 197，台灣商務印書館，
1981。「宛」：是婉曲的意思。「屈」；是委屈。「詘」：同屈。
[10] 同註（9）《曾子制言下》，頁 201，「乘」，是陵侮的意思。

自己顯得高貴。曾子並以虞舜舉例說：舜只是一個平民，能夠擁有博厚的土地，得到萬民的愛戴，成爲天下共主，這些富與貴，則是靠仁道而得來的。儒家志在修身行道，而有安貧樂道的精神，不致違仁悖義。因此孔子說：

　　不義而富且貴，於我如浮雲。《論語・述而篇》

聖賢之心，渾然天理，雖然身處困境，吃的是蔬菜粗飯；喝的是白開水；睡覺時窮得以臂枕頭，家徒四壁，亦是樂在其中。故能視不義之富貴，如浮雲之無有，而漠然無動於衷了。

　　反觀當今世風不古，人心陷溺不明，見利而忘義，貪婪而鬼詐，巧取豪奪者有之，作姦犯科者有之，廉恥蕩然無存。上層社會之人，以爭權奪利爲重；中間社會之人，以巧取財物爲能；下層社會之人，以搶劫偷竊爲業。上中下俱是財利塞心，無所不爲。終於導致「三綱五常」流失，「倫理　道德」有虧。緬懷古聖先賢，都能先盡人倫大道。而後興仁以安民，修身以立命，致力教化人民，故能盡人物之性，贊天地之化育，創生萬物，爲「生民立命」，爲社會造福。鑒於人之利慾薰心，以致傷風敗俗，虧了倫理綱常，有如衣冠禽獸。聖賢有憂之，因此修道立教，建立綱常，期使天下之人，都能修身養性，棄惡向善，以克盡人倫之道，成爲一個有守有爲的愷悌君子。

（6）天人相通（天圓論）：

　　曾子的《天圓論》，其內容或許是編纂孔子口述之言，弟子單居離對於文中所言：「天道曰圓，地道曰方，」而不察「方曰幽而圓曰明」之涵蘊，因此以「天圓而地

方」之說請教曾子，曾子解釋說：「方曰幽」：幽指地之
幽深而言；「圓曰明」，明是光明的意思。下文謂：「明
者吐氣者也，……幽者含氣者也，……吐氣者施而含氣
者化，是以陽施而陰化也。」聖人以為「陽」之精氣叫
做神，「陰」之精氣叫做靈；神和靈，乃是眾庶和萬物
之根本，也是禮樂仁義的起點。天人相通的儒家形上思
想，於是由此而衍生，誠如方東美先生所言：「儒家形
上學具有兩大特色：第一、它肯定了天道的創造力，充
塞宇宙，流衍變化，萬物由之而出。第二、強調人性的
內在價值，翕含闢弘，發揚光大，妙與宇宙秩序，合德
無間。由此兩大特色而構成全部儒家思想體系之骨幹，
自上古以迄於今，後先遞承，脈絡綿延，始終一貫。」
[11]表現這種思想最為重要者莫過於《易經》，由於周易著
重創造的一面，是故儒家思想極富創造精神，無不從事
道德修養，致力成德之教，而為道德的實踐主義者。

　　曾子以為聖人為天地之主，為山川之主，能夠上通
天道，下察人事，天道即天理，聖人順應天地之創造性，
於是配合天地自然的法則，作為人事的調理，建立五禮
做為人民共守的標準；制定五等喪服來分別親近疏遠的
等級；調和五聲的音樂以引導人民的習性；總合五味而
加以調節，來分別人的嗜欲。人生天地之間，秉受天地
陰陽之氣，人體即天地之體，人心即天地之心，人之行
為便能遵行天理，天道便在人的心靈中展現，人能法天
道以立人道，致力進德修業，止於至善，便能天人相通，
達到天人無間的境界。

---

[11] 方東美著《生生之德》，頁 288，台北市，黎明文化事業公司，
　　1982。

三、孟子的倫理思想

孟子認爲古代的教育是以德育爲中心，注重修身崇德，而以明人倫爲教育的首要目標。有關他的倫理思想，可以歸納爲下列數點：

（1）以善教明人倫：

孟子以爲善教最得民心，因此主張以教育的力量來發揚人的善性，以明人倫之道。施教的方法，是「謹庠序之教，申之以孝弟之義。」《孟子·梁惠王篇》而教的重點，就是教以人倫：

> 父子有親，君臣有義，夫婦有別，長幼有序，朋友有信。＜滕文公篇＞

人倫明於上，小民便可親於下。親其親，孝也；長其長，悌也。「仁之實，事親是也；義之實，從兄是也……。」＜離婁篇＞由此可知，孝悌通於諸德；仁義禮智信等一切德行，皆可涵攝於孝悌之常德中，如能真實行之，便可推此孝悌之義以親人之親，長人之長，則天下可得而平。所以孟子說：「堯舜之道，孝弟而已矣。」＜告子篇＞

（2）以守身爲事親之本：

人子的事親，必須先守其身，不做傷風敗俗的壞事，才能保持本身的清明潔白，不至於惡名昭彰，陷親於不義。否則，一失其身，則虧體辱親，雖日用三牲之養，

亦不足以爲孝矣。[12]所以孟子說：

　　事，孰爲大？事親爲大。守，孰爲大？守身爲大。[13]
天下的人，誰能不事奉長上呢？事奉父母，就是事奉長上的根本。不能事親的人，個性必然乖戾悖逆，不會懂得潔身自愛；在做事的時候，那裡還會講什麼道義，守什麼信譽？祇有事親孝，才能忠可移於國，順可移於長，而使社會倫理井然有序。

（3）以道德性爲人性：

　　儒家以爲人是道德的主體，而且這個主體具有實存性。陳德和教授說：「凡在生活世界中，能夠怵然有所動，惻然有所感的自我，必不失爲具體的存在，……這個實存主體究其實不外乎是實踐主體或德行主體。」[14]孟子認爲這種「德行」的主體性就是道德性，他說：「君子所性，仁義禮智根於心。」《孟子·盡心上》堅決地認定道德性就是人的主體性，而將道德性當做人性。

　　孟子認爲這種不爲形軀所限的道德性，有無限意義的「善端」仁義禮智四端。因爲人有向善的本性，可以主動地來實踐道德的規範，而與世人和諧相處，這是人與禽獸的基本差異所在。由於人有「智」的善端，便會發展爲不學而能，不慮而知的良知良能。所以孟子說：

---

[12] 同註（3），《孟子·離婁章句上》，頁449；「守身者，守之本也。身者，親之枝也；枝葉茂盛，則得以庇其本根，枝葉傷殘，則本根殄瘁矣。不能事親，更做甚人；不能守身，更說甚道義。」

[13] 同注（3），《孟子·離婁章句上》，頁449。

[14] 陳德和著《儒道成德之教的差異·當代中國哲學學報》第二期，頁96，南華大學中日思想研究中心；台南哲學學會。2005。

> 孩提之童，無不知愛其親者；及其長也，無不知敬其兄也；親親，仁也；敬長，義也；無他，達之天下也。[15]

這是良知的自然呈現，並不是通過經驗學習得來的知；知孝知悌之知，是人生而固有的，這是我們本心所自覺而呈現出來的道德性。這種由良知而呈現的仁義禮智，可以通達於天下。天下人之所以會愛親敬兄，乃是因為大家都生而具有這種道德性的緣故。

（4）論交友之道：

孟子論交友之道乃是重德的，他說：
> 友也者，友其德也，不可以有挾也。
> 《孟子・萬章下》

我們與人交友，是要結交他的品德和學識，不可自恃地位和權勢去接交朋友。君子論交，純然出於聞風而相悅，懷仁義以相接。我們若要與善士為友，就必須自己亦是善士；否則，學德不相稱，如何能夠與人並行切磋？同時對於交友的方法，孟子也有剴切的指示，他在＜萬章篇＞說：「其交也以道，其接也以禮。」意即人與人交往時必有其道理，接與受必依其禮儀而行；祇要他人是以道義相交，以禮節相待，我們總是可以接納為友，而使彼此能夠互助互勉的。

（5）嚴義利之辨：

---

[15] 同註（3），《孟子・盡心章句上》，頁 527；「愛親敬長，所謂良知良能者也。言親親敬長，雖一人之私，然達之天下無不同者，所以為仁義也。」

義利之辨，為儒家價值論的中心。孔子曰：「君子喻於義，小人喻於利。」《論語・里仁篇》並以「聞義不能徙」為憂，《論語・述而篇》教人要「見利思義」。＜憲問篇＞孟子承繼孔門之道統，亦主張別義利。他以為義即禮，有普遍性；利則祇有特殊性，不能作為價值規範的基礎。做人不可循利而行，如果人人以利為先，必將引發人世間的紛爭。循利而為必生攘奪，以利為人之私心故也。到了宋代，朱熹則以公私來區別義利，他說：

> 義者，天理之所宜；利者，人情之所欲。[16]

即在說明義利之辨，亦即公私之別，我們必須重公義，輕私利，以行仁義之道，不可見利思遷，忘恩負義。是故孟子說：

> 仁，人之安宅也；義，人之正路也。」

《孟子・離婁上》

他接著又說：

> 羞惡之心，義也。＜告子上＞

人有羞惡之心，故能知所裁斷，克己律己，使情得其宜，勿為所不當為，而為其所當為。所以為人部屬者，應懷仁義以事其長官；為人子女者，應懷仁義以事其父母；為人弟者，應懷仁義以事其兄。人人不失仁義之心，自能推其愛心於社會，進世界於大同之境。這樣的道德價值觀，才能有益於世道人心。

（6）親親、仁民、愛物：

親親是仁民及愛物的首要基礎，它所表現的是一種「天倫愛」。孟子以父子兄弟為親，其他的人倫關係一概

---

[16] 朱熹《論語集注》卷 2，頁 23。

劃歸爲民；對親人當親，此之謂親親；對全民當仁，此之謂仁民。

親與民在人倫關係上因爲有遠近之別，故於對待的態度上也有親疏之分。這種由親親而仁民而愛物的仁愛道德，是有層次而近乎人情的。親親之仁，是天生一體而不可分離的親情。仁民之仁，表現的乃是「人類愛」；它雖然可以推愛於民，「老人之老，幼人之幼。」但它是有條件而可以分解的。至於愛物之仁，所表現的則是「宇宙愛」；由「民胞物與」而登向「與天地萬物爲一體。」孟子在此所講的仁，乃是把人性的「善端」加以擴充和發揚，而使它的超越性形成一種無限量的愛，把它推向全社會，推向全世界，而達到萬物一體之仁。

第二節　人倫德教的哲學觀念

孔子是中國倫理哲學的奠基者，亦是生活教育的創建者。故其對於個人之修身處世，建立了一套合理而互相倚重的倫理觀。人有自成的德能，儒家稱之爲「仁」。《中庸》二十五章有云：「誠者，自成也。」儒家把「仁」這種自成的功能，應用到做人及人格發展的方面，它可以從爲學、修身、愛人來成己成人。譬如孔子所說：

　　夫仁者，己欲立而立人，己欲達而達人。
　　《論語・雍也篇》

以及孟子所說的：

　　得志，澤加於民；不得志，修身見於世。
　　《孟子・盡心上》

這些都是代表儒家成己成人更高一層的倫理思想。倫理道德爲人與人之關係及其相處之正確道理，故又稱之爲

人倫之道；由此可知，人倫教育的主旨即在闡明人生的
道理、意義、價值和行爲準則，其理論與哲學原是相關
的。孫邦正先生說：

> 教育的理論和實施，常隨哲學而變遷，亦步亦趨，如
> 影隨行。[17]

人倫教育的目的，即在促進人倫常德的實踐。人與人相
處的人際關係本極複雜，如何調適自己的思想和言行，
在社會共同生活中而與他人融洽相處，既不過分親熱，
又不失之冷漠，則是一門極富哲理的高深學問。諺云：「做
事難，做人更難！」做人處世的道理，自有其一定的原
理和原則：從個人方面而言，我們自己如何擇善固執，
推誠相與，和人建立良好的友誼。從群己關係而言，我
們如何與人交際應酬，能夠「允執厥中」，[18]誠守中庸之
道，以維持適當的社會關係。這些因人、因事、因時、
因地而異，令人不可捉摸的大道理，非從哲學的觀點來
加以分析和解釋，的確是難以明白其究竟的。

一、仁本義行自覺論

仁是一種高度自覺的境界，而自覺正是對自己道德
修養的更高要求。所謂「克己復禮，天下歸仁焉。」《論
語・顏淵篇》道德的條目，乃是依循人類所表現的道德

---

[17] 孫邦正《教育概論》，頁 77，台北市商務印書館，1965。
[18] 《書經・大禹謨》，頁 14 ，台北啓明書局，1959。此爲帝堯誠
舜之言，全文爲「人心惟危，道心惟微，惟精惟一，允執厥中。」
謂「人心易私而難公，故危。道心難明而易昧，故微。惟能精以
察之而不雜形氣之私，一以守之而純乎義理之正。」才能誠守中
庸之道。

行爲而標舉出來的生活規。我們遵守這些道德規範，看來好像是出於被動，但是一經孔子提出了「仁」的觀念，一切以「仁」爲主體的道德哲學之後，便即時使這些有意義，有價值的行爲，由被動而轉爲自動。換言之，它們是人依著內在的道德心「仁」，而自覺自發地表現出來的。「仁」是人性的自覺，余書麟說：

凡人都具有自覺的精神狀態。」[19]

一個具有自覺意識的人，才能體悟到作爲人存在的道德價值。因此、凡是表現在外的道德行爲，都是由於道德主體（道德心）的自覺自律，自定方向，自發命令，從內心一步一步地創造出來的美德。此即孟子所說的：「由仁義行，非行仁義也。」[20]由此可知，敦品勵學的知識青年，他們所要實踐的德目，實際上亦是基於道德意識而散發出來的一種自覺表現，也是對於人群的一種責任感。徐復觀先生說：「人的自覺的精神狀態，即是要求成己而同時即是成物的精神狀態。」[21]這種成己成物、利濟天下的精神，就是「己欲立而立人，己欲達而達人」的行仁表現。

孔子通過反思從禮樂具體規範中抽象、剔剝出來的禮樂之道，概括之就是「仁道」。「仁、人心也。」[22]由

---

[19]余書麟《中國儒家心理思想史》，頁 126，台北市心理出版社，1994。

[20]見《四書纂疏》，《孟子．離婁下》頁 460，台北市學海出版社，1980。此謂「仁義」已根於心，而所行皆從此出，非以「仁義」爲美，而後勉強行之，所謂安而行之也。

[21] 徐復觀《中國人性史・先秦篇》，頁 91，台北市，商務印書館，2003。

[22] 同註（20），《孟子・告子上》，頁 504 。仁者心之德。程子所謂心如穀種仁，則其生之性是也。

於人有一顆「不安不忍」的良心，受著道德主體的引導，使我們隨著日常生活環境，而自動表現出一些合情合理的行為，而且每一個德目都是我們內心的「仁」，對應於（人、事、物）所顯現出來的各種德行；所以「仁」是諸德之根，萬善之源。人類表現合情合理的行為，在道德內涵中所凝聚的成果，便是人們所謂的「德目」。由此可見，德目不是任何人可以憑空訂頒的，而是據「實」以制「名」，依據人類的道德行為而分別標舉出來的。譬如有孝悌的善行，而後乃有「孝」、「悌」的德目；並非先有孝和悌的德目，而後才有孝悌的行為。

　　有子曰：「孝弟也者，其為仁之本與！」[23]
朱熹註曰：

　　仁者、愛之理，心之德也。為仁、猶曰行仁。
「仁」主於愛，愛莫大於愛親，是故「孝弟」為行仁之本，行仁必自孝悌始。先要能「各親其親，各子其子。」[24]然後才能做到「不獨親其親，不獨子其子。」[25]達到「老吾老以及之老，幼吾幼以及人之幼。」[26]的博愛境界。所以、我們必先孝悌行於家，然後才能仁愛及於物。孟子所說的：「親親而仁民，仁民而愛物。」[27]這些都是由於「孝弟」之發揚光大而已。

---

[23]　同註（20），《論語・學而第一》，頁149。「本、猶根也。仁者愛之理，心之德也」。

[24]　王夢鷗《禮記今註今譯・禮運大同章》，頁362，台北台灣商務印書館，1969。

[25]　同註（24），頁362。

[26]　同註（20），《孟子・梁惠王上》，頁362。

[27]　同註（20），《孟子・盡心上》，頁537。程子曰：「仁推己及人，如老吾老以及人之老，於民則可，於物則不可；統而言之則皆仁，分而言之則有序。」

二、善心本具人性論

孟子認為人的本性是可以為善的,是有為善的能力的,這就是所謂的性善論。孟子主張人性本善,想藉「善端」點出人心之本然,以印證人性之善乃天生本具,而是人所固有的。他認為惻隱、羞惡、辭讓、是非這「四端」之心,原是「我固有之,非外鑠我也。」《孟子·告子上》其言仁、義、禮、智之端,皆具於性,故人性都是善的。愛親敬長的良知良能,是「不慮而知,不學而能」的先天本然之善,故朱熹《四書集註》引程子曰:

良知良能,皆無所由,乃出於天,不係於人。

而「仁義忠信,樂善不倦的『天爵』」,[28] 亦是人所本有的一種「貴於己」的自尊。就存有論而言,這些都是人性的本然,是內在於人生命中的先天的善根。這不是假設,而是實有的善。所以徐復觀先生說:「孟子所說的善,實際便是心善。」[29] 由於一般人的本性都是善的,故能「乍見孺子將入於井」時,都會自然而然地即刻生起「要去救他」的心,此即所謂「怵惕惻隱之心。」[30] 這點本然之心的當機流露,實即良心天理的感動而直接呈現出來的。無論人的智、愚、賢與不肖,在這一點上都必然是相同的。由此可以證明人性之善不是外鑠的,而是天生本具的。孟子的強調人性本善,其真正涵義則是在肯

---

[28] 同註(20),《孟子·告子上》頁 506。「天爵者,德義可尊,自然之貴也」。

[29] 同註(21),頁 163。

[30] 同註(20),《孟子·公孫丑上》,頁 395。「怵惕、驚動貌。惻、傷之切也。隱、痛之深也。此即不忍人之心也。非思而得,非勉而中,天理之自然也。」

定人有「仁、義、禮、智」四個「善端」，它是道德教育的內在依據，也是實現人倫教育的主觀靈性。因為人之有道德性，確係繫於人的靈性，是其具有知善知惡的理性或道德心的緣故。因此、我們在進行公民訓練時，必須啓發學生的道德良知，相機指導學生日行一善，努力來實踐這些道德規範，以培養其爲善的行爲。所以他說：

> 仁義禮智，非由外鑠我也，我固有之也。弗思耳矣。
> 故曰：求則得之，舍則失之。[31]

所謂「求則得之」，是說我們有心行仁便能得到仁，有心行善便能得到善果。歷來的道德家，不分古今中外，都很注重人的行爲或實踐工夫。孟子以心言性，強調存心養性，施行仁政，也都是他重視善行的具體表現。所以我們必須運用教育的力量，來發揚「仁義禮智」這四個善端，使之落實到群體生活之中，能夠成爲社會共通的生活規範。

人倫教化的內容，涉及範圍雖廣，若就人的心性而言，則是孟子所謂的「仁、義、禮、智」四個善端端。所以五倫的實踐，就是要把這四個善端，展現於各種人倫關係之中，人人能夠實踐倫理常德，行仁守義，約之以禮，便可使這塊人間天地，成爲有文化有倫理的祥和世界。至於明人倫的教育「德目」有什麼好處呢？孟子以爲「人倫明於上」，則可收到「小民親於下」的效果。同時他又進一步的強調說：

> 壯者以暇時，修其孝、弟、忠、信，入則事其父兄，

---

[31] 同註（20），《孟子·告子上》頁 497 。「言四者之心，人所固有，但人自不思而求之耳。所以善惡相去之遠，由不思不求而不能擴充以盡其才也」。

出則事其長上，可使制梃以撻秦、楚之堅甲利兵矣。
[32]

由此可知，人倫教育亦即民族精神教育，足以團結民心，糾合民力，以全民的意志來抵抗外來的侵略，而有強化民族精神的偉大力量。

三、完美人格君子論

儒家的人倫教育，其宗旨是在發揚人性，以培養完美的人格。其最高理想是要建立仁治之國，進而實現大同世界。所以孔子在《中庸・哀公問政章》說：

為政在人，取人以身，修身以道，修道以仁。[33]

換言之，如果要人實現理想的仁政，首須培育理想的人格。因此、儒家的教育思想，特別注重修身，目的即在使人人成為成德的君子，具有完美健全的人格。如此人人便能充分發揮其善良的本性，懂得「忠恕、孝友」之道，成為一位理想的仁人（聖賢）。然後才能做好治國平天下的豐功偉業，以造成一個和平繁榮的社會，富強康樂的國家，以及四海一家的大同世界。

為學之要，既然是在品格的陶冶，以養成完美的人格。所以教育的方法，亦需注重人格的感化。人能盡己之性，做到至誠無妄，才能盡人之性，使他人受到感化

---

[32] 同註（20），《孟子・梁惠王上》頁 358。

[33] 陳槃著《大學中庸今釋・哀公問政章》，頁 39，台北市國立編譯館，1966。是說為政在於得人，「人」指賢臣。「身」指人君。「取人以身」，是說人君自己要先做好修身，然後賢臣才能給他用。「道」是天下人所應共同遵守的原理法則，而這原理法則又莫過於仁，所以說「修道以仁」。而仁亦即人道人性；換言之，也就是人對人的關係，和人與人間共同的理性。

而歸於善。孔子主張君子要有「謀道不謀食，……憂道不憂貧」[34]的人格，並且認為「仁」是人格最崇高的品質，他於答顏淵問仁時說：

　　克己復禮為仁，一日克己復禮，天下歸仁焉。[35]

同時又說：

　　君子居其室，出其言善，則千里之外應之。況其邇者乎。居其室，出其言不善，則千里之外違之，況其邇者乎。[36]

是故夫子對於立身處世，出處進退，都極為謹慎。他很懂得身教重於言教的道理，所以他說：「不能正其身，如正人何？」[37]門弟子對於孔子人格偉大之處，也時有景仰頌讚之辭；如顏淵喟然歎曰：

　　仰之彌高，鑽之彌堅，瞻之在前，忽焉在後；
　　夫子循循然善誘人，博我以文，約我以禮。[38]

這種人格感召的作用，乃是啟發人性，陶鑄人格的有效方法，也是人倫常德具體的表現於生活之中。

　　至於如何完成理想的人格教育，孔子指出君子應具備的品德說：

---

[34] 同註（20）《論語・衛靈公篇十五》，頁 314。
[35] 同註（20）《論語・顏淵篇第十二》，頁 268。「『歸』猶與也。又言一日克己復禮，則天下之人皆與其為仁，極言其效之甚速而至大也。」
[36] 馮斌著《易經孔傳釋義・繫辭上》第八章，頁 55—56，台北市牧村圖書有限公司，2002。「言為心聲，出於自己，影響別人。行為心跡，當前行為，影響久遠。…君子言行，乃君子樞紐，一經發動，關係一生之榮辱」。
[37] 同註（20）《論語・子路篇第十三》，頁 286。
[38] 同註（20）《論語・子罕篇第九》，頁 240。「此顏淵深知夫子之道無窮盡，無方體而歎也」。

> 君子義以爲質，禮以行之，孫以出之，信以成之，
> 君子哉！《論語・衛靈公篇》

此言君子做人，必須以義爲本質，照禮而行，出以謙遜，而成之以信。信即誠也：能誠實則禮不至成爲虛文，義亦不至變爲假義。能如此，便可以成爲一個君子了。又孔子在答子路問「成人」時，曾經提出具體的看法說：

> 若臧武仲之知，公綽之不欲，卞莊子之勇，冉
> 求之藝，文之以禮樂，亦可以爲成人矣。

接著他又補充的說：

> 今之成人者，何必然？見利思義，見危授命，久要
> 不忘平生之言，亦可以爲成人矣！[39]

成人即成德之君子。人之既能才德兼備，又能如此義烈忠信，自能扶持世道，端正人心，當然可以算得上是一個人格完美的君子了。

孟子以爲人能把天賦的善性充分表現出來，便可以和堯舜一樣的偉大。所以他很贊成顏淵的說法：

> 舜何人也，予何人也，有爲者，亦若是！[40]

並且指出理想完美的偉人，應該具有：

> 富貴不能淫，貧賤不能移， 威武不能屈，[41]

的堅定志節，才能謂之「大丈夫」。

荀子也有所謂「成人」的說法，他說：

---

[39] 蔣伯潛著《廣解四書・憲問篇第十四》，頁 147 ，台北市東華書局，1969。「孔子之意，是要把四個人的長處，合爲一人；又能夠節之以禮，和之以樂，也可以算爲完人了」。

[40] 同註（39）《孟子・滕文公篇》，頁 67，「『有爲者，亦若是。』言人能有爲，則皆如舜也」。

[41] 同註（39），頁 81，「蓋大丈夫於其道，能篤信死守。達不離道，故富貴不能淫；窮不失大丈夫也」。

> 是故權利不能傾也，群眾不能移也，天下不能蕩
> 也。生乎由是，死乎由是，夫是之謂德操。德操然
> 後能定，能定然後能應，（我能定，故能應物也。）
> 能定能應，夫是之謂成人。[42]
這裡所講的「成人」，與孔子所講的「成人」，孟子所講
　　的「大丈夫」，其意義大致相符，指的都是具
　　有理想人格的完人。

四、定分止爭禮義論

　　《青年守則》第六條說：「禮節為治事之本」。我們
生活在社會群體之中，不能片刻失去禮義。《禮記・樂記》
說：「禮者，天地之序也。」天地有秩序，為天地所生之
萬物也有秩序，人本著天之自然來制禮，所以禮也以秩
序為原則，人類社會的親疏遠近、尊卑貴賤的秩序，都
可以從禮之中見到。荀子說：「人無禮義則亂，不知禮義
則悖。」[43]這裡所謂的禮義，實即道德之意。人有禮義
道德，可以「讓乎國人」，沒有禮義道德，
則雖「兄弟」，亦必「悖亂」相爭。可知禮義道德，的確
具有息亂止爭的功能。孟子也說：「無禮義則上下亂。」
[44]我們在人際關係中，如果不講禮義，沒有倫常觀念，

---

[42] 李滌生著《荀子集釋・勸學篇》頁 20，台北市台灣學生書局，
　1981。「言學者至於全粹之後，權勢利祿都不足以傾移他的意志。
　『德操』謂守道不移之節操。內而有所定，外而能應物，乃為成
　德之君子。意即（成人）」。
[43] 同註（42）＜性惡篇＞，頁 546，「人無禮義」、指行為說。「不
　知禮義」、指認識說。「亂」、指行為說。「悖」、指認識說。
[44] 同註（20），《孟子・盡心下》， 頁 541； 「禮義所以辨上下，
　定民志」。

社會亦將發生脫序行為，以致天下大亂。孔子生平最為重視禮教，所以他說：

> 禮者敬而已矣。故敬其父則子悅，敬其兄則弟悅，
> 敬其君則臣悅，敬一人而千萬人悅。[45]

如果能把「禮」這種至德要道加以推廣，人民便能和悅從順，而使天下登上太平盛世。所以孔子曾經問禮於老聃，考察周朝禮制；故能上承古聖先王之道，制禮作樂，以「禮教」來化民。我國向來即為「禮義之邦」，國人好禮成風，行之不倦，故能小至鄉里，大至都市，無不以明禮為可貴，失禮為羞恥。

荀子對於禮義尤為重視，認為禮之興起，是由於人之有欲；禮之用，是要明分以節欲。他於論學時特別指出禮的功用說：

> 禮者、法之大分，類之綱紀也，故學至乎禮而止矣，
> 夫是之謂道德之極。」[46]

他認為人之為學，重在明禮習禮，凡事依禮而行，便能動無不當，事無不舉。進一步做到「隆禮義」以經國定分；完成「先王明禮義以一之，致忠信以愛之，」[47]的治國之道。為了要定分止爭，而使社會走向安定和諧，因此荀子主張興孝悌，要以禮義來篤行人倫之道。他認為禮義是孝、弟、順、君的共同法則，所以他說：

---

[45] 黃得時註譯《孝經今註今譯·廣要道章第十二》，頁 28 ，台北市商務印書館，1990。「敬一人而千萬人悅：一人指父兄君王，千萬人指子弟臣下。」

[46] 同註（42）〈勸學篇〉，頁 10 。兩句合起來是說：「先王的禮是創制法度的原則，是推類事理的準繩。」因此、「禮是人類知識的總匯，是人文世界的最高道德準繩」。

[47] 同註（42）〈富國篇〉，頁 216 。言「先王首先彰明禮義之教以齊一民眾，盡忠信之義以愛護民眾」。

> 人生不能無群，群而無分則爭，爭則亂，亂則離，離則弱，弱則不能勝物。故宮室不可得而居也，不可少傾舍禮義之謂也。能以事親謂之孝，能以事兄謂之弟，能以事上謂之順，能以使下謂之君。君者、善群也。[48]

我們如果背棄禮義，社會便無法定分止爭；人無恭敬辭讓之心，社會亦將亂而不安。若無禮義法紀，人必任性而無所制，亂倫敗德之事，由斯而起矣。「禮、義、治人之大法。」《日知錄‧廉恥》守禮行義，乃是我們一生必由之路。因此、孟子特別提出「禮門義路」來教誨世人，於做人處事時，必須注重禮節，行為正當，才能增進人倫關係的親和力。對於禮的實踐和教化功能，《禮記：冠義》也有如下的說明：

> 禮義之始，在於正容體，齊顏色，順辭令。容體正，顏色齊，辭令順，而后禮義備。以正君臣，親父子，和長幼。君臣正，父子親，長幼和，而后禮義立。[49]

人人能夠守禮行義，大家就能安分息爭。我們在日常生活中的態度，如果能夠表現「規規矩矩的態度」，做出「正正當當的行為」；行之既久，便可移風易俗，改善社會風氣，而使我們所處的生活環境，形成一個富而好禮的祥和社會。

---

[48] 同註（42）＜王制篇＞，頁 180 。「一人所需，百工所為，社會是分工合作的結合體，故人不能脫離社會而生活。『禮義』是『分義』的客觀準據。『能以』四句，其下省去了『禮義』二字。前兩句是就家庭中說，後兩句是就國家社會說。表現上下尊卑，即所謂『守分』。親親之殺，尊賢之等，莫不由禮。」

[49] 同註（24）《禮記‧冠義》，頁 787，「正容體：身體整潔；齊顏色：態度端莊；順辭令：言辭謙恭。」

五、報本返始崇德論

人的生命不是憑空而來的，而是有本始，有根源
的。儒家在人倫關係中是很重視禮制的，孔子向樊遲
解釋孝道不可違背禮制時說：

生、事之以禮；死、葬之以禮，祭之以禮。[50]

其中所謂的祭禮，乃是屬於宗教範圍裡的事，可知儒
家的言禮，並不限於人事界，亦通於宗教之領域，這
表示儒家的人倫大節與宗教倫理是通而為一的。人生
的基本責任不在人神之間，而是在廣範的（家、國、
社會）人倫關係中，此即融通道德意識，文化意識，
歷史意識而言的人倫之道。如從「宗教人文化」的哲
理而言，孔子所謂：「致孝乎鬼神」的話，亦可以之視
為孝道倫理的宗教化伸展。人之所以要崇拜祖先，是基
於祖先生前的功德，造福了他的後人所致。所謂有功者
謂之「祖」，有德者謂之「宗」，故謂之「祖功宗德」。《孔
子家語・廟制》云：

古者祖有功而宗有德，謂之祖宗者，其廟皆不毀。

《禮記・祭法》云：

夫聖人之制祀也，法施於民則祀之，以死勤事則祀
之，以勞定國則祀之，能禦大災則祀之，能捍大患
則祀之。[51]

---

[50] 同註（39），《論語・為政篇》，頁 14。「『生、事之以禮』者，『冬
溫夏清，昏定晨省』之屬也；『死、葬之以禮』者，『為之棺槨衣
衾而舉之，卜其宅兆而安厝之』之屬也。『祭之以禮』者，『春秋
祭祀，以時思之；陳其簠簋而哀祭之』之屬也」。

[51] 同註（24），下冊，＜祭法二十三＞，頁 603，台北市商務印書
館，1981。此言「聖王之制定祭法，自有其原則」。

由此我們可以明確地知道，祖先崇拜的對象，都是一些
垂範後世，安邦定國，消災解難，的英雄人物。我們之
所以要祭祀這些祖宗死後的靈魂，目的就是在取法其主
體生命之價值，作為我們後人的意趣目標。如此、價值
屬性即為人所崇拜的對象。所以我們對於祖先的崇拜，
乃是崇拜其生命之始的道德價值。也就是「報本返始」
的自我意識；因為這是報答祖宗、父母養育我們的感恩
行為。《禮記・郊特牲》云：

> 萬物本乎天，人本乎祖，此所以配上帝也。郊之祭也，
> 大報本返始也。」[52]

由此可見，今人於清明節之掃墓祭祖，從來不曾中斷，
即起於此「報本返始」，「終始俱善」的報恩思想。儒家
有所謂「三祭」之禮，即（祭天地、祭祖先、祭聖賢）
三者，這是根據荀子在＜禮論篇＞所提出的「禮三本」
而來的，其原文云：

> 禮有三本：天地者，生之本也。先祖者，類之本也。
> 君師者，治之本也。無天地，惡生？無先祖，惡出？
> 無君師，惡治？故禮上事天，下事地，尊先祖而隆君
> 師，是禮之三本也」[53]

因為天地是宇宙生命之本；祖先是個體生命或種族生命
之本；聖賢是文化生命之本。通過祭天地，人的生命乃

---

[52] 同註（24），上冊，＜郊特牲第十一＞，頁 424 。由於世人皆
從祖先繁殖而來，所以祖先有這生生之大德，可以配得上與天地
同受崇，而此言「大報本返始」，謂其郊祭規模為最大。

[53] 同註（42）＜禮論篇＞第十九，頁 421。此言「沒有天地生產
萬物，人類生活何以維持？沒有祖先，人類生命將從何來？沒有
君師，社會秩序何由」

與宇宙生命相通，而可臻於「萬物皆備於我」、「上下與天地同流」之境界。通過祭祖先，人的生命乃與列祖列宗的生命相通，而可憬悟一己生命之源遠流長，及其綿衍無窮之意義。通過祭聖賢，人的生命乃與民族文化生命相通，而可真切地感受慧命相承、思想綿延的意義。所以我們對天地、祖先、聖賢，必須同時加以祭祀，加以崇敬。這種回歸生命根源的「報本返始」的精神，的確是「孝道倫理」的無限伸展，而其中所充盈洋溢的「崇德」和「報功」的心情，亦就是我們面對天地、祖先、聖賢，而有一種不容其已的「責任感」之顯露。

至於人倫常道的「五倫」，其中的每一倫都有天理之當然作為根據：父子兄弟，乃是天倫。父慈子孝，兄友弟恭，是天理合當如此。夫婦一倫也不止是相對的情愛，而是以「保合」為義的倫理關係相連繫。師友一倫，是在代表真理的互相啟發，以期文化慧命之相續不斷。所謂君臣一倫，則是以義相合，代表群體生活中的道揆法守。這些倫常大節，都不只是一般所謂「責任」的意義可以兼容並蓄的。不過，「天理之當然」一落實到人生，一落實到生活，它實在亦就是理所當然的正當責任了。因此、我們之所以要崇拜祖先，乃是由於祖先有遺愛子孫，造福後人的恩德，值得我們大家崇拜。我們之所以要愛國敬師，乃是因為國家有保養萬民之功，師長有傳遞文化之重責大任，值得我們敬愛。這種「崇德」「報功」的意識，也就是價值決定存在的哲學基礎。

六、天人合德盡性論

儒家思想可以立人倫之大本，開中華人文之全局；

從道德形上論說：它可以發揮人道之超越性，故能立人極而通天道。《易傳》有云：

> 夫大人者，與天地合其德，與日月合其明，與四時合其序，與鬼神合其吉凶。
>
> 《乾卦傳·文言》

由此可見天道與人道是可以相通的，故人能順天、法天，按照天賦的命性事理去生活或行動；如此便可以安身立命，也可以內聖外王，以完成天賦予人的使命。因此、儒家特別重視「修身」，也非常關懷社會。大學八條目中的：「格物、致知、誠意、正心、修身五目」為內聖的修養；「齊家、治國、平天下三目」為外王的功業。這種內聖外王的修為，其最終目的就是要臻至「天人合德」的境界。孔子在《論語》中有「下學而上達」之言，一般的解釋為下學人事，上達天德。從儒學的義理而言，人是可以與天地並立為三的。所以他說：

> 君子不可以不修身；思修身，不可以不事親；思事親，不可以不知人；思知人，不可以不知天。」[54]
>
> 《中庸·哀公問政章》

這種「知人」「知天」的推演，便是「天人合德」的起點。能修身和事親以後，才能知人知天，所以、要想知人和知天，就非得先從修身和事親做起不可。有了知人和知天的基本概念之後，我們再來討論「天人合德」的境界，那就可以順理成章了。「形色，天性也，惟聖人然

---

[54] 同註（33）《中庸·哀公問政》第二十章，承上文「取人以身」而說：「不可以不修身」。上文說：「修身以道以仁」，要講「道」和「仁」，就得先從孝順父母做起；所以這裡說：「思事親，不可以不知人」。上文說：「親親之殺，尊賢之等」，這些都是人性而又兼存天理的；所以說：「思知人，不可以不知天」。

後能踐行。」[55]《孟子‧盡心上》，也就是說：聖人能盡人之性，所以能踐人之形。試觀《中庸‧唯天下至誠章》所言：

> 唯天下至誠，為能盡其性；能盡其性，則能盡人之性；能盡人之性，則能盡物之性；能盡物之性，則可以贊天地之化育；可以贊天地之化育，則可以與天地參矣。[56]

「天下至誠」的人，可以盡己、盡人、盡物之性，也就能夠和天地並立為「三」，而達到天人合德的境界了。

此章所言之「性」，就是天性天理，有如《中庸》首章所言：「天命之謂性。」[57]意謂一切人物之性，乃是由於天之所命而來。因此徐復觀先生說：「至誠，盡性，即是性與命的合一。性與命合一，即是由天所賦與於一切人與物之性的合一。」[58] 所以在理論上說，如果人能盡人物之性，便可以贊天地之化育。楊祖漢先生說：「《中庸》之言盡性，是要以道德的實踐來盡現天之所以為天之道。即是以無限的天道為背景，而作盡心的實踐。」[59]我們領悟到人之道即是天之道後，客觀地言性出於天，

55　《焦循正義》：「聖人盡人之性，正所以踐人之形……」。
56　同註（33）〈唯天下至誠章〉第二十二。「天命」為性，見第一章「天命之謂性」；而誠是「天道」、「天性」，所以說：「唯天下至誠，為能盡其性」。天地是生育萬物和長養萬物的，人如果做到能盡人之性，以天地之心為心，那就可以助天地化育，和「天地參」。「參」同三，那就是天和地和我，並立為三了。
57　同註（33）〈天命之謂性〉第一章。「天命」就是宇宙自然推演無盡之生命。論其本體，就是天性天理，也就是自然運行之理。論其跡象，則是一切動植物繁殖無窮的生命。
58　徐復觀《中國人性史‧先秦篇》，頁151，台北市，商務印書館，2003。
59　楊祖漢《中庸義理疏解》，頁54；台北市，鵝湖出版社，1997。

就要以一己之實踐來朗現天道。「性」即人所受之天理，天道爲天理自然之本體，兩者其實爲一理也。《易經》說：「天行健，君子自強不息。」＜乾象＞《詩經》說：「維天之命，於穆不已。」＜周頌＞天地是生育萬物，長養萬物的。人能體會天地之造化，孕育生物之原理，對於天之高明，地之博厚，永恆之時空領域，均可由至誠無息，純一不已之精神中，來實踐天賦的體貌，恪保其善性，以發揮其自己本性之光明，而朗照宇宙，進而與天地同德。是故孟子說：

> 盡其心者，知其性也；知其性，則知天矣。存其心，養其性，所以事天。[60]

所謂「盡心知性」，即是說人能盡其心，不但可知其自己的性，也知人性命的根源「天命之謂性」的天。因爲人有靈明之心，在盡心之後，就能從宇宙間所表現的天道及人身上的內外法則，推知天的存在，以及它的性格和德能。孟子心中的天，已經不是高居在九霄雲外的主宰，而是一位深居人心中的神明。事奉天也不僅在用牛羊燔祭，只要人能存心養性，也就是事奉天了。他接著又說：

> 君子所過者化，所存者神，上與天地同流。[61]

這些都是要先等待盡心知性，經過存心養性的內聖修養之後，才能知天事天，上通天理天道，而與天地精神同流，登上天人合德的境界。所以張載說：「下學上達」，

---

[60] 同註（20），《孟子・盡心上》，頁 521。教無禮義以正尊卑，則上下之敘泯亂」。「存謂操而不舍，養謂順而不害，事則奉承而不違也。」

[61] 同註（20），《孟子・盡心上》頁 526。「君子、聖人之通稱也。所過者化，身所經歷之處，即人無不化。所存者神，心所存主處便神妙莫測。是其德業之盛，乃與天地之化並行同運」。

而能敬天愛人，安身立命的聖賢，心中就能「破除我與非我的界限，以天下之物與己爲一體。」（大心）因爲「能體天下之物」，故「其視天下無一物非我。」（大心）此即孟子所謂的能夠「盡己、盡人、盡物之性」，也就是說，人能以整個宇宙爲一大我。「天大無外」，個體的修養若能達到這一境界，則我與天便可合而爲一了。

仁義道德，一定要客觀地實現於人間：家事、國事、天下事，其實都是自己分內的事，從修齊治平到萬物各得其所，才是儒家事功的整全實現。至於倫理道德的實踐，乃是發自行爲主體道德心的要求，人有分辨善惡的能力，能夠擇善固執，這是得力於內聖的修養。「修身以道，修道以仁。」[62]教育是以明人倫的道德實踐爲宗旨，如何振作人心，啓發人性，使之能夠自覺、自發、自律、自動地來實踐人倫常德，盡到做人應有的本分和責任，則是人倫德教的主要目的。所以、人倫教育的基本精神，在於發揚人性，恢復善心，以喚起人們的良知良能，使大家都能懂得正心、修身、齊家、治國的人倫大道，不止能夠做到「仁義忠信，樂善不倦。」[63]而且還要在倫理道德的實踐方面，多作存養省察的工夫，讓個人在道德心的自律下，能夠努力地、徹底地去實踐「孝親敬長」和「仁民愛物」的倫理道德，務必達到止於至善的境界，以塑造個人完美的人格。

儒家體認到「明德」爲萬事之先，「修身」爲做人之本，於是倡言人倫教育；無論國、家、社會以至天下，其組成者莫非人也，舍樹人而言他，不啻舍本逐末。從宇宙論而言，天地間的實體中，以人爲貴。儒家思想的

---

[62] 同註（20），《中庸·魯哀公問政》頁 106。
[63] 同註（20），《孟子·告子上》頁 506，此指「天爵」而言。

中心也在於人，孔、孟從倫理方面講人，認爲人有倫理
道德的標準，稱之爲倫理之人。因此，儒家之學是「人」
學，是「生命的學問」。它「是由『小我』通到『大我』，
從一己的『人品、人德』，通到家庭的『人倫』，社會的
『人道』，政治的『人本』，到世界的『人文』」。[64]這一
步步的推廣，一層層的開顯，都必須由小我通到大我這
個普遍的人格上，才有真實的意義，才有圓滿的價值」。
此即儒家所講求的人倫常道，它是恆久不變之真理，天
理流行之當然，爲人人所當行之道。儒家依循道德修養，
只圖引歸本心，恢復善性；在宇宙領域中去追求生生不
息的創生性，以臻於天人合德的境界；在生命的存續中
去力求自我的昇華，踐仁行義。進而能夠推己及人，求
中和，求成德，而使人類的道德價值具體地朗現出來。

---

[64] 蔡仁厚著《新儒家與新世紀》，東海哲學研究集刊第九輯，頁
181，台灣學生書局，2005。

第四章　人倫德教之教育實踐

第一節　人倫德教的主觀修養

　　物質文明，道德淪落，已為全世界帶來了不少負面的影響。由於科技的進步，產品不斷更新，使得新興人類增加了許多物質享受，以致我國固有的倫理道德和善良風俗，已為國人所忽視。尤其是生活在煩擾的都市中，到處都會使人紙醉金迷，陷溺沉淪，因而失去了善良的本心和人性。誠如老子所說：「五色令人目盲，五音令人耳聾，五味令人口爽，馳騁田獵，令人發狂。」《老子‧道德經》可見物慾的過度享受，反而會使人的心智麻木不仁，每天只知在慾海狂流中翻滾，過著醉生夢死的生活；除了吃喝玩樂之外，還是脫離不了聲色犬馬的追求。所謂「為善最樂」；「助人為快樂之本」。就某些人的心理而言，那只不過是隨聲附和，虛應故事，在表面上說說的口頭禪而已。

　　今天社會的如此敗壞，究其原因，實為人心的陷溺不明，神智不清，造成思想偏激所致。西風東漸，國人對於歐美奢靡放縱的生活習俗，不能加以辨別和選擇，隨著功利主義的流行，以為來自富強之國者，無不值得我們效法和學習；於是個人的所做所為，亦莫不以利我為優先，刻意地去追求物慾之滿足，以致人慾橫流，不

知所止，仁義道德幾乎全被遺棄，見利忘義者比比皆是。世道人心敗壞如此，誠爲有識人士心中之隱憂。孟子「用性善說和良知良能說明道德的本源，以五倫爲道德的基本內容，提出存心、盡心、養氣、寡欲等一系列的道德修養方法。」[1]其所強調的人倫教育，就 是要從啓發心的靈性著手，利用親親之仁，敬長之義，來促使人在沉溺迷失的慾海中能夠猛然覺醒，知道仁之所當行，義之所當爲，而使人之本心和善性重新恢復，能夠主動地、樂意地來從事倫理道德的實踐；在人心所同然的潛移默化中，自然而然地順著「人同此心，心同此理」的心情，而把人倫常德平實而正常地表現於社會生活之中。

一、「盡心」的涵養

心者人之神明，所以具眾理而應萬事者也。心之虛靈而善應，神妙而難測；主宰乎一身，總括乎眾理，應酬乎萬事，故能極其心之全體而無不盡者，也就是能夠完全掌握自己的良知良能（良心）。因其能窮夫理，故能無所不知，所以孟子說：「盡其心者，知其性也，知其性則知天矣」。＜盡心上＞人若能盡心知性，便能體念天德和天理，按天意而行仁義之道。牟宗三先生說：

---

[1] 陳光林《儒學價值的新探索》，頁 131；中國孔子基金會文庫，2001。

> 心即孔子之仁，孟子之本心也。…「聖人傳心，教天
> 下以仁也」， 聖人「盡心者也，故能立天下之大本」；
> 而于功夫，則重在「先識仁之體」，重在當下指點以求
> 其放失之心，正式言「逆覺體證」以復其本心，以爲
> 道德實踐之本質的關鍵。[2]

心爲嚴守神明之主，神妙而不可測，「仁、義、禮、智根
於心」，《孟子‧盡心上》可知人爲萬物之靈，而有道德
的本心，故能仁民愛物，從「盡人之性」，踐仁以知天；
「盡物之性」，以主宰萬物。孔子雖未明說「仁」是吾人
道德的本心，但是從意念上講，仁不能不是心。孔子由
「不安」來向宰予指點仁，不安自是心之不安。是故孟
子承接孔子之「仁教」後，便以「不忍人之心」來說仁：

> 仁也者，人也；合而言之，道也。

> 《孟子‧盡心下》

亦以「道」來說仁。道即是「天道」，天道有其超越性，
有其創生性，爲肇生人類萬物的根源；所以孔子說：

> 天何言哉？四時行焉，百物生焉，天何言哉！

> 《論語‧陽貨篇》

此即讚頌天有好生之德，能於四時運行之中化育萬物，
而有生生不息的創生性。「天行健，君子自強不息。」《易
傳‧乾象》人應效法天道，能夠創生不息，致力於道德

---

2 牟宗三著《心體與性體》第一冊＜總論＞，頁46，台北正中書局，
1999

修養，道德實踐，這就是順天、法天，也就是行善。這種回復善性的心靈自覺，對於倫常教化有深刻的啓迪作用，而爲人的實踐作了自我的肯定。

孟子以心言性，是從人心入手；因爲性不可見，而心可見。他以爲盡性即是盡心，「盡心」即是極盡其心，人人皆有本然的善心（良心）、仁義之心；但人每天的所作所爲，卻往往是反仁義而行，斲喪了良心，因而失去了德性之美，這其中的關鍵在那裡呢？孟子認爲是在於「平旦之氣」的不能存養所致。心原本就是一個活體，操持而保養之則存主於內，捨棄而不加保養則亡失於外。人之因爲有感性的欲求，致使良心外逐而陷溺，故謂之「放心」。所謂「求放心」，是教人就心之放溺而直下警覺；只要一念警覺，本心便即時從放溺中躍起，即時從生命中呈現。人盡了心，即能知性，知道天理和天則，那麼率性修道即會隨之而發。心體無外，人固有之；我們要盡心率性，順著自己的本心行事，而把善性從具體的生活中表現出來。所以他說：

> 君子所性，仁義禮智根於心。其生色也，睟然見於面，盎於背，施於四體，四體不言而喻。

《孟子・盡心上》

這就是說：「盡心」必須由本身的善性來具體地盡；因爲心德性體已具體地滲透於全部生命之中，如果它能朗潤出來，便是所謂「生色」。心德性體是要「生色」的，「生

色」方是在生活上有具體地表現。荀子認爲人「心」是
天生的，所以他說：

> 耳目鼻口形能各有接而不相能也，夫是之謂天官；心
> 居中虛，以治五官，夫是之謂天君。

《荀子・天論篇》

雖然「心」是天生的，但它是能治的天君而有別於被治
的天官。同時他又說：

> 夫何以知？曰：心。心知道，然後可道，可道然後守
> 道以禁非道。……人何以知道？曰：心。……　心者，
> 形之君也，而神明之主也，出令而無所受令。自禁也，
> 自使也，自奪也，自取也，自行也，自止也。

<解蔽篇>

從上文可知荀子所主張的心，乃是能知能慮，能使能禁，
能擇能取，有其強烈的自主性；故能肯定道，進而執守
道以對治非道。這種「擇善固執」，大智大勇的衛道精神，
對於人倫之道的實踐，在心理上有其助長的作用。所以
我們當下應學聖人之心，聖人之德，聖人之仁，「下學而
上達」，對天道天理有所體會，而使天德天理落實於日常
生活之中。

二、善性的恢復

孟子以爲人性本善，其所以爲惡，乃是由於生而具

有的本心和善性受到陷溺、梏亡、放失的結果所致。而人之何以會壞到放肆爲惡，依孟子的看法，乃是由於下列兩個因素所引起：

（1）是來自耳目之欲：

耳目聲色，各是一物；耳交於聲，目交於色，物物相交，則相引而肆，沉醉迷失，終將陷人於沉淪之中。惡劣的環境和耳目的誘惑，更會陷害人的心智，使人斲喪或蒙蔽心中的善端，無法誠心爲善，因而做出違法亂紀的事情來。

（2）是來自不良環境：

人之雖然皆有善性，但未必皆有善德善行；人之所以良莠不齊，乃是由於所處環境的優劣所致。複雜而惡劣的環境會擾亂人的心智，使人善惡難辨。善與惡，義或不義，都與環境的影響有關。正如麥子的種子雖然一樣，但是收成卻不相同，乃是因爲各地土壤、耕作、氣候、雨露之不同所使然。

不過、人雖有耳目之欲，雖然常受不良環境之習染，但是人的本心和善性，畢竟是不會泯滅的；因此、如何喚醒世人，使其恢復原已放失的本心和善性，而使天賦

的良知良能能夠重新朗現，才是恢復人心善端的重要工夫。薛保綸先生說：「人是有理性的，其爲人之性，是人的理性或靈性。」[3]這種理性和靈性的呈現，就是善性的興發，也有賴人以修德行善去完成。所以孟子特重人心性的修養。他以爲「仁義禮智根於心」，爲人所固有；仁義生於內，由其中而行，非強力以行仁義，也就是說倫理道德的實踐，是「由仁義行，非行仁義也。」《孟子·離婁下》於此可見他將「由仁義行」的修養，看作是人性中的一種內在的動力，

　　而爲恢復善性的一種逆覺工夫。攸關復性的工夫，儒家締創的德教甚多：孔子要人做仁者，要人踐仁，此「做仁者」和「踐仁」的修養，即是復性的工夫。孟子強調性善，言存養擴充，盡心知性，進而又言人需善養吾浩然之氣，其所言者無一不是復性的工夫。換言之，有「實踐」處，便有工夫在。《大學》言明明德，言格物、致知、誠意、正心、修身、齊家、治國、平天下八條目，更是人生不斷實踐道德的工夫。《中庸》講慎獨，自喜怒哀樂處言致中和，凡此都是在做盡心復性的工夫。

　　　　性即由「於穆不已」之體而言者也。故言「性天下之大本」，「性也者天地所以立也」；……而于心則言永恆而遍在，「心也者知天地宰萬物以成性者也」。[4]

---

[3] 薛保綸《孟子哲學》，頁 42；台北縣，輔仁大學出版社，1985。
[4] 牟宗三著《心體與性體》第一冊＜總論＞，頁 46 ，台北正中書

人爲萬物之靈，具有宇宙中所獨有的靈性，能夠盡物之性，明天之道，故人能事天、法天。順著天賦的本性去行事，這就是「率性」。所謂：

天命之謂性，率性之謂道，修道之謂教是也。[5]

天道乃是天德的表徵，在古人看來，天道和人道是不可分的，本天道以立人道，以人道契合天道，二者有著一體呈現的創生關係。人能按其天性及天理去生活或行動，就是順天、法天，也就是行善，這就是道德的實踐。人的本心和善性乃是絕對的善，即不論在何種情況下都是善的。若人能呈現其本心，而盡一切力量以實現其本心所要求實現的理想，則在道德實踐上，便已彰顯出「善」所具有的絕對價值。儒家並不是道德理想主義者，而是由本心善性的逆覺，親身去體證的道德實踐者；所以孟子說：「形色，天性也。惟聖人然後能踐形。」[6]形色，就是形體和容色，係指形軀生命而言。人的形色稟賦於

局，1999。

[5] 《四書纂疏‧中庸》，頁 62 ；學海出版社，1980。「天命之謂性」，言天之所以命乎人者，是則人之所以爲性也。「率性之謂道」，言循其所得乎天以生者，則事事物物莫不自然各有當行之路，是則所謂道也。「修道之謂教」，言聖人因是道而品節之，以立法垂訓於天下，是則所謂教也。

[6] 註同（5），《孟子‧盡心上》，頁 535。「天性」，人有形有色，無不各有自然之理，所謂天性也。「踐形」，踐如踐言之踐，蓋衆人有是形而不能盡其理，故無以踐其形，惟聖人有是形而又能盡其理，然後可以踐其形而無歉也。

天，乃天之所生，所以亦謂之「天性」。如果有人的形色而不能盡人之性，便算不得真人，以其未能踐形之故。孟子所謂的「踐形」，依蔡仁厚先生的說法，而有下面的兩層意思：

1、是把人之所以為人的仁義之性，具體而充分地實現於形色動靜之間。所以踐形實即盡性，亦即「善性」回復的客觀表現。

2、是把五官百體所潛存的功能作用，徹底發揮出來，以期在客觀實踐上有所建樹。所以，「立德、立功、立言」的三不朽，皆可謂之踐形。

孔子說：「唯仁者能好人，能惡人。」由於聖人可以踐形，所以好惡皆能得其正。「踐形」的工夫，雖亦人人皆能，可是照蔡仁厚先生的說法：「眾人只是『暗合於道』，賢人雖能踐之而有所未盡；惟有聖人『隨心所欲不踰矩』，才是踐形的極致」。這是復性明德的最高境界，也為人倫常德的實踐開啟了成德之門。

三、心靈淨化的修養工夫

人心最難破除的是「自我」的概念，如何絕去孔子所謂的「毋意、毋必、毋固、毋我」[7]之執著，使人心純

---

[7] 同註（5）《論語・子罕篇》，頁237；「毋意」：即不以億逆為意而去之；「毋必」：即不以適莫為必而去之；「毋固」：即不以窮困為

淨而無一毫之私，則是淨心修養的重要課題。心靈淨化
的修養工夫是不可間斷的，「君子憂道不憂貧」，必須有
至誠不息的毅力，才能貫徹始終，做好淨心的修養，於
此特就淨心應有的工夫說明於後。

（1）意　誠：

　　誠的內涵是真實無妄，信守不欺。孟子強調「反身
而誠」，重視道德自律。儒家不祇是道德的理論者，同時
也是踐仁盡性的道德實踐者。但是道德的實踐，首須正
心以修身，這是內聖修養，外王事業的起步工夫。而欲
正其心者，就必須先誠其意，「所謂誠其意者，毋自欺也。
如惡惡臭，如好好色。」《大學・釋誠意》是說誠心想要
修身的人，知道爲善可以去惡，就應當用力來禁止其自
欺之心，使其惡惡如同惡惡臭一樣；好善如同喜愛好色
一般。這裡所謂「毋自欺」，就是要屏絕徼倖心，排除苟
且心，不寬恕自己，不欺蒙自己，一秉正覺，承認真理，
戰勝一切邪念的意思。所以誠意的工夫，又以慎獨爲始。
《大學》解釋誠意說：

　　　小人閒居爲不善，無所不至；見君子而后厭然揜其善，

　　　而著其善，人之視己，如見其肺肝然，則何益矣？此

　　固而去之；「毋我」：即不以足己爲我而去之。意即要絕去此四種
　　迷惑的執著。

謂誠於中，形於外，故君子必慎其獨也。[8]

此言小人在閒居沒事的時候，甚麼壞事都會做出來。但一見到君子，他就覺得自己的行為不好，而把不好的地方遮掩起來。可是自己的肺肝為善為惡，別人看得清清楚楚，這樣遮掩對於誠身毫無益處，所謂「誠於中」必「形於外」，一己人格之修養，雖在無人監督之時，亦不可不慎；故君子的修身，必須慎其獨處之時。所謂「慎獨」的意思，就是要在人所不知，惟己獨知的場合，能夠「去人欲，存天理」，而能謹慎於獨居之時，以虛心實意來處理一切事物，而使自身無愧於天地宇宙之間，這就是「誠意」的工夫。所謂「德潤身」的意思，是說人如果能夠誠其意，則心無愧怍，體亦安樂舒泰，這就是君子在修身的時候。所應做的起步工作。

總之，做人必須先保持一顆真誠的心，然後才能修身。《中庸》云：「誠者，物之終始。不誠，無物。」誠是做人的道理，自然的真理，萬事萬物的終始本末都離不了一個「誠」字。不誠就是虛妄，所以「不誠無物」。因為一切事物，都要靠我們心坎中有一個「誠」字，然後萬物才能發生，做事才能成功。人倫常德的實踐也是如此，若人的心中一有不誠，即無孝敬之心，則雖或有孝敬之行，亦只是作偽而已。因此若拿掉了誠，道德的行為便沒有了。所以人若不誠，則其生命之活動便全無

---

[8] 同註（5）《大學・釋誠意》，頁37。

意義，雖有所爲亦等於不存在，故君子必以「誠之」爲貴。所謂「誠之」的意思，就是要用力來恢復這個「誠」。《中庸》所謂的「自誠明」，意即我們惟有做到誠，才能由誠興起明善的能力 。

(2) 寡　欲：

寡欲乃是淨心不可缺少的基本工夫。孔子認爲人有「好色」、「欲富貴」、「惡貧賤」的本性，無論什麼人都有這些欲求。但人只是停留在這個層次上，便只能是小人，是低等的人。人性還要有更高的層次，那就是「好德」、「義然後取」、以道得之，即用德性來制約情欲，做個品德高尚的君子。孟子認爲人身有大體小體之分，大體即心之官，心能思維，好理義，才是人性發展的方向。小體即其他生理器官，從其小體，迷於物欲，乃是人的本性墮落和倒退，由此可見孟子所主張的寡欲，就是要抑制感官享受之欲，所以他說：

> **養心莫善於寡欲。其爲人也寡欲，雖有不存焉者寡矣。其爲人也多欲，雖有存焉者寡矣。**
>
> 《孟子・盡心下》

養心，即是存養人的本心。人的嗜欲多，則心爲外物所誘，嗜欲少，則外物不能誘之，故心能存養而不放。人心本是靈明悱惻的，嗜欲多而深，則將蒙蔽心的靈明，

窒息心的悱惻之感，因此孟子要強調養心寡欲，以保持心境的清明。孔子更是讚美顏淵說：

> 一簞食，一瓢飲，居陋巷，人不堪其憂，回也
> 不改其樂。《論語·雍也篇》

顏回這種安貧樂道的寡欲精神，的確是值得後人敬佩的。《詩經·陳風》也有美稱寡欲之辭：「衡門之下，可以棲遲」。這些省衣縮食，居處簡樸的生活狀況，乃是節制私欲的最佳表現。所以，一個有道德修養的人，雖然身處困境，也應無憂無悔，切記不可怨天尤人，放肆爲非作歹，有損安貧樂道的精神。

不過，《禮記·禮運篇》卻說：「飲食男女，人之大欲存焉。」人在日常生活之中，有物質的需要及生理、心理方面的渴求。在這些需求中，諸如：飲食、男女、財物的獲得及佔有，都是人性中最基本的慾望。孟子雖然主張「寡欲」，但是對於人的基本欲望並不反對，他說：「男女居室，人之大倫也」；<萬章上>對於飲食，他說先要做到使民「不肌不寒」；<梁惠王上>人之要求滿足慾望，原本就是自然之事，只需求之而得其正，行之而適其度，又何至於與天理違逆，與人道背離呢！

（三）知　止：

就是要知道《大學》首章所謂的「在止於至善」的

境界。「至善」為事理當然之極，是說上文的「明明德、新民」，都應當止於至善之地而不遷。止於至善為修身的最後目的，一定要做到，不可半途而廢。無論是修己的「明明德」，或是化民的「新民」，都要達到這「至善」的地步。下文所說的：

> 為人君止於仁，為人臣止於敬，為人子止於孝，為人父止於慈，與國人交止於信，

也都是在說要止於「至善」之境界而已。一個人如果能夠曉得當止之地即為最善的境界，便應以之為理想的目的，如此才有一定的意志；意志一定，心就能靜，不會妄動了；心不妄動，不論到什麼地方，都能感到安穩；到處安穩，思慮自然週到，思慮處處週到，做人才能明心見性，善盡人倫之道，達到理想的目的，最善的境界。

（四）省　身：

所謂省身，就是在日常生活中，要隨時要省察自身的得失。曾子曰：

> 吾日三省吾身，為人謀而不忠乎？與朋友交而不信乎？傳不習乎？《論語・學而篇》

由曾子之言，可見省身即反求於己之心。省身的修養，就是要「反躬自省」；我們做人要心存善端，排除心中的邪念和雜念。省身的工夫，它既包含著事之未為之先的

慎獨，也包含著事之已爲之後的自責、誨過、自勉和自強。凡作一事必先省之於心，以衡其爲善爲惡，然後本己心所安而施之於事，此古人所由察幾之說也。既作一事之後，復省之於內心是否安穩，以定其爲善爲惡。惡則立即改之，善則以爲自勉。

　　人生不能全無過失，但多數並非自甘於有過。大抵由於一己之偏，認惡爲善，初不知其已陷於過失。即有自知其失，而固蹈之者，亦是由於其只計利害，不顧是非而生，因爲人人皆有自私之念。然人心本明，既與事物相接觸，比較分析之後，即生辨別善惡之能。眾人以爲善，則己心亦知其爲善；眾人以爲惡，則己心亦知其爲惡。所謂省身者，即凡作一事，必先衡之於己心，使所爲而是，則愉悅之心生；使所爲而非，則愧怍之心起；此即人的良心之中，具有一種去惡向善之本能。此種本能係由吾之內心而發，是故《大學》、《中庸》言「慎獨」；《孟子》言「不愧不怍」；儒家一再強調「自省」、「反省」、「反求諸己」、「反身而誠」之類的內省工夫，其用意即在以己心省察己身而已。

（五）忠　恕：

　　「忠」有廣狹兩層意義，一曰盡心爲人效力和謀事，例如孔子說：「與人忠。」《論語・子路篇》曾子說：「爲

人謀而不忠乎？」《論語‧學而篇》這是從廣義言。二曰盡心爲國君服務，例如孔子說：「臣事君以忠。」《論語‧八佾篇》鄭玄說：「死君之難以爲盡忠。」《孝經注》這是從狹義言。「恕」是對他人的體諒和寬容，孔子說：「己所不欲，勿施於人。」《論語‧顏淵篇》恕字上爲「如」，下爲「心」，即是將心比心，它是儒家處理人己關係的基本道德和原則，也是一切社會人際關係健康化所必須遵守的信條。

　　道德的實踐，原是體現在「忠恕」之道上面，我們在立身處世時，就是要竭盡自己的智能爲人謀事盡力。自己有了成就和喜悅，也要和人分享；別人如有不幸和痛苦，大家就應發揮愛心，幫忙解決或分擔。這些人與人相處的道理，看起來雖是日用之間所當行的常事，然而它卻是道德實踐的至高表現。

（六）知　恥：

　　恥是一種道德良心，知恥是做人的基本要求，無恥則無人格可言。人之所以悖禮犯義，其源皆生於無恥。顧亭林先生說：「無恥，則無所不爲。」[9]甚麼壞事都會做出來。人的本性原是善良的，由於生活環境的不良，受到了壞的習染，致使道德本心遭到蒙蔽和陷溺，才會

---

[9] 顧炎武《日知錄‧卷十七‧廉恥》。

弄得心志不清；見父而不知孝，見兄而不知悌，見賢而不思齊，甚至傷風敗俗，違法亂紀之事，都會無恥地做出來。「知恥近乎勇」，《中庸·哀公問政章》人能知恥，便能奮發圖強，改過向善，守禮而有所不為，遠離不良環境的誘因，不會為了一點享受和虛榮，因而出賣了自我的靈魂。

孔子認為做人必須「行己有恥。」其意思是說：人的行為一定要有羞恥之觀念。孟子說：

　　人不可以無恥，無恥之恥，無恥矣。

《孟子·盡心上》

人若知道無恥的可恥，便不至於違背天理良心，做出悖禮犯義的事情來。又說：

　　恥之於人大矣。為機變之巧者，無所用恥焉。

　　<盡心上>

由於「恥」乃是人的羞惡之心，為人性所固有，存之則有所不為，故可進於聖賢之道；失之則無所不為，故其行為則類似禽獸；對於人一生的榮辱，自然影響很大。喜玩機心變詐巧術的人，因其沒有愧恥之心，無所不為，故為人所深恥。心靈淨化，其目的就是在寄望大家能辨個是非，認個義理。誠如劉念臺先生所說：

　　見得是處，斷然如此；見得不是處，斷然不如此。

這就是說：我們知道不是處，就要知恥而不為。

（七）擴充四端：

人有「飲食、男女」之慾，會時常受到私意情慾的誘惑，故人一定要努力來擴充「仁、義、禮、智」這四個善端，本心才不致陷溺不明。所謂擴充，就是要我們努力來實踐這四個善端，而使世人都能守仁、行義、知禮、明智，做個堂堂正正的君子。

所謂守仁：就是要常存仁愛之心，人愛他人謂之仁。孔子提出「仁」為道德人格發展的最高境界。「樊遲問仁。子曰：『愛人。』」《論語·顏淵篇》孔子的意思，愛人就是要做到：

己欲立而立人；己欲達而達人。[10]

而且士君子要做到「仁以為己任」；仁為吾人內心所固有，並不遠離於人。所以他又說：「我欲仁，斯仁至矣。」《論語·述而篇》孟子說：「仁者愛人」及「仁者無不愛」。仁者能夠泛愛世人，故有悲天憫人之心，其心渾然與萬物同體，而有「民胞物與」[11]的胸襟；常以天下蒼生之憂為憂，惻怛廣大，而無私見私憂，不會做出不仁之事，所以能夠「仁者安仁」，樂以守之。人人能愛人，社會上

---

10 蔣伯潛《廣解四書·雍也篇》，頁67，台灣東華書局，1969。「仁者，是推己以及人；人自己能立了，使人也要能立；自己能達了，使人也要能達」。

11 張載《正蒙·乾稱篇·西銘》，意謂仁者要把「世人看作我們的同胞；萬物看作和我們同類」。

殘賊爭奪之風便可戢止。

　　所謂行義：就是行為能夠合乎正道，對他人能夠合理公平相待。孔子說：

　　君子義以為質，《論語‧衛靈公篇》

是說君子立身處世，應以義為本體，所以他又說：

　　不義而富且貴，於我如浮雲。」[12]

意謂做人要輕利重義，立身行道，應該講求義理，行事才能合理合宜。孟子說：

　　義，人之正路也……舍正路而不由，哀哉！[13]

正路是人一生應走的中正大道，應該是終身行之而不渝。「舍正路而不由」，仁義之心就會放失而不存，對於人的進德修業而言，自然是件可悲之事。又說：「居仁由義」，凡是義之所在，就要有堅持實踐道德的勇氣，勇往直前，雖千萬人吾往矣。」[14]韓愈說：

　　行而宜之謂義。《昌黎文集‧原道》

可見義是人應有之正當行為，亦是人生一切當盡之理，如果是責任所在，就要義不容辭，即使危及生命，也不

---

[12] 同註（5），《論語‧述而篇》，頁220。此言「孔子視不義之富貴如浮雲之無有，漠然無所動於其中也」。

[13] 同註（5），《孟子‧離婁上》，頁446。「義者，天理之當然，無人欲之邪曲，又當常行於此，而不可有適莫之意，故曰正路」。

[14] 同註（5），《孟子‧公孫丑上》，頁384。此接上文「自反而縮」，言曾子以自反縮與不縮為勇怯之分；「縮」，義也，如果自省有義，雖敵家有千萬人之多，也要勇往直前而無畏懼之心。

苟免，所謂「舍生而取義者也。」[15]也就是說正義所在，乃是人生打破生死的不二法門。

　　義爲重視人己之分際；亦爲人人對外所依據之法度，而爲天下共同裁定事物之標準。人人能以「義」正我，即不流於邪惡，各守正義，勿爲所不當爲，則人我之分已明，必不至互相侵越，而生貪婪之心。

　　所謂知禮：就是人要懂得立身處世的禮節。《禮記・曲禮》云：

> 道德仁義，非禮不成；教訓正俗，非禮不備。……君臣上下、父子兄弟，非禮不定。宦學事師，非禮不親。[16]

孟子以爲人「無禮義則上下亂。」＜盡心下＞禮是人生一切活動的規範，而爲吾人正身之常德。由於人有互相敬愛之情，而其感情表現於外者，自然形成一種待人接物，送往迎來的儀節。所以荀子說：

> 食飲、衣服、居處、動靜，由禮則和節，不由禮則觸陷生疾；容貌、態度、進退、趨行，由禮則雅，不由

---

[15] 同註（5），《孟子・告子上》，頁503。欲生惡死，雖爲人之常情，但若能秉持義理之良心，就能做到欲生不苟得，惡死不苟免，可以「舍身取義」。

[16] 王夢鷗註譯《禮記今註今譯・曲禮上》，頁5，台灣商務印書館，1981。「非禮不定」，言君臣上下父子兄弟，名分不同，各有其行爲準則；如果依禮而行，則君有君之禮，臣有臣之禮，而名分乃得確定。

> **禮則夷固、僻違、庸眾而野。故人無禮則不生，事無**
> **禮則不成，國家無禮則不寧。**[17]

禮之功能，旨在建立政治、社會與人間的合理秩序。《左傳》對於禮的功用也有具體的說明，謂禮所以：

> **經國家，定社稷，序人民，利後嗣者也。**

《左傳·隱公十一年「莊公戒飭守臣」》

故從廣義來說：禮是指人類社會一切秩序、紀律、條理節度、和約制的意思。我們隨便做任何一件事，都要和社會人士發生關係，所以我們對人必須和平有禮，然後才能互助合作。人人能夠和平相處，互助合作，自然事無不舉，以底於成。所以青年守則第六條說：「禮節為治事之本」。

禮為敬之文，敬為禮之實，禮與敬二者是不可分的。故凡明禮之人，其靜居也，必能居敬慎獨，以禮自持，以敬自守。其待人也，必莊肅容止，進退合宜，而無輕慢之行。其臨事也，必能小心翼翼，篤行實踐，故能事無不舉，業無不成。

所謂明智：就是心之正確趨向，也就是良心善性的心靈感發。有智然後能知理明道，辨別是非，人須存有是非之心，因為它是智的開端；由於「智者之知必知

---

[17]李滌生著《荀子集釋·修身篇》，頁24，台灣學生書局，1981。「和節」，猶「和適」；「觸陷生疾」，謂「抵觸陷禍，發生毛病」。「雅」，嫻雅；「夷固僻違」，猶言倨傲僻邪。「庸眾而野」，猶言凡庸而粗野之意。

仁」，所以：「智者不惑。」《論語・子罕篇》有智慧的人，見理透徹，心無偏私，做人處事，便不會有甚麼疑惑。喜歡研究學問的人，就會獲得智識，故能明是非，別善惡，守道義；知其善而以之為是，知其惡而以之為非。大智之人，因為通達事理，言行合宜，治事周延，待人和善，故能成就天下之達德，樹立良好的社會規範。

　　孟子以為人心有此「四端」，正如同人身有手足四肢，都是先天所具有的；我們只需擴而充之，便能沛然盛發，不但可以成己之德，且可進而成天下之務。如能充此「仁、義、禮、智」之端以行仁政，就可以保家保國。不能充此四端，就會變得不仁不義，無禮無智，當然就更談不上踐仁盡性，作為成德的君子了。

（八）義利之辨：

　　乃是儒家價值論的中心。孔子說：「君子喻於義，小人喻於利。」[18]是在說明君子與小人之分別在此。又說：「放於利而行，多怨！」《論語・里仁篇》有利於己，必損於人，一定會招來怨恨。所以孟子對梁惠王進言說：君王主政時不可言利，而應當講仁義，是專就諸侯之國

---

[18]同註（5），《論語・里仁篇》，頁188，「義者，天理之所宜；利者，人情之所欲。『陳氏曰：天理所宜者只是當然而然，無所為而然也。人情所欲者只是不當然而然，有所為而然也。』」

如何安內而言，其立言的角度則是專就價值觀來說明義
利之別，以求根本扭轉當時的功利風氣。因爲利害的立
場是相對的，對彼方不利，可能對己方就有利，如此，
則上下交征利的局面，豈不是永遠不能避免了嗎？所以
孟子獨排眾議，挺身而出，大聲宣稱：「何必曰利，亦有
仁義而已矣！」這一發自聖賢生命的呼聲，正是代表時
代的良知，歷史的定盤針。對於「義利之辨」，孟子更有
清楚的解釋，他說：

> 非其義也，非其道也，祿以天下，弗顧也；繫馬千駟，
> 弗視也。非其義也，非其道也，一介不以予人，一介
> 不以取諸人。《孟子・萬章上》

也就是說，凡是不合乎道義的財物，不管是再多再貴，
也 是一介不取，也不隨便給予他人。 人的行爲，如果
出自功利的相對觀點，那末，就是父子、兄弟、君臣的
人倫關係，也會摻雜有利害的因素，而失落了本有的親
親之情，與敬長之義。如果人際關係，出之懷利以相接，
終必悖離仁義，而導致家國亂亡的後果。《大學》有云：

> 國不以利爲利，以義爲利也。[19]

是說治國不應把斂聚財貨當作利益，而是要把推行道義
當作利益。人人懷仁義以相接，急公而好義，才不會引

---

[19]同註（5），《大學・釋治國平天下》，頁 48，此引孟獻子語：「百乘
之家，不畜聚斂之臣，與其有聚斂之臣，寧有盜臣，此謂國不以
利爲利，以義爲利也」。

發利害的衝突與對抗。

（九）培養公德心：

　　做人必須不斷地自反其存心，然後才能心性精純，沒有私心和邪念；如此便能推己及人，做到公正無私，把大家的事當作自己的事來辦，把公共設施當作自己的東西來愛惜。儒家思想，以爲人之心無不仁，性無不善，「心靈啓發」就是要使人的仁心與善性融和爲一，以其渾厚的道德感來矯正我們意念的邪惡，使此心經常湛然清明，不爲物慾所蔽，不爲感情所勝，而有自私自利之心。蔣故總統經國先生在《行政革新的道理》中的訓示，對於所謂「心靈淨化」，已有明確的說明，他說：

　　　　拔除每一個人心中一念之賊：私、偏、欺、疑的習染病根；奮發每一個人心中一念之仁：公正、精誠的本然之善。

我們便能正心修身，齊家治國，施行仁政於天下，邁向「天下爲公」的大同社會，毫無私心存於其身了。

古往今來，任何一種革新運動，主其事者都必須徹始徹終，身體力行，才能克竟全功。所以孔子說：

　　　　君子之德風，小人之德草；草上之風，必偃。

　　　《論語・顏淵篇》

居官在位的領導人物，事事都能奉公守法，遵禮而行，

確實做到「誠意、正心、修身、齊家……」，而後必能誠心治國，行仁政於天下。人民自然也就會知禮守法，望風景從，而能做到上行下效了。

　　修身是成己，成己之目的為成物，成物由小而大，由近及遠，即由齊家進而治國，更進而以平天下。如果心不正，身不修，要想齊家、治國、平天下，這是一定做不到的。所以我們必須「踐仁盡性」，先修養好自己，端正自己的行為，然後才能端正別人的行為。所謂「修己以安人」，《論語・憲問篇》就是說我們先要敬修自己，隨事隨時都要恭恭敬敬，而不失禮或有所怠忽。對於人倫關係，必須親疏調和，一一處理妥當；而使人人能夠各適其分，各得其所，全民所寄望的人心遷善，才能收到潛移默化之效。

第二節　倫常之道的客觀表現

　　儒家的教育思想，其目的是要護持倫常教化，希望利用禮樂的薰陶，以臻於人文化成，盡到民族倫理的教化責任。孔、孟所講的學問，主要是講實踐道德的學問，不重空談和純理論的知識。《論語・學而篇》說：「弟子入則孝，出則弟，謹而信，汎愛眾，而親仁。行有餘力，則以學文」。孟子也說：「學問之道無他，求其放心而已矣」。由此可見，孔、孟所重之學均為踐履務實之學。是

故人倫教育的宗旨和目標所強調的，都是在以倫常之道的實踐，來引導吾人走向一個重視倫理道德的社會。所以孟子說：

> 學則三代共之，皆所以明人倫也。人倫明於上，小民親於下。 《孟子·滕文公篇》

我國文化係以明人倫爲教育之先務，以正人倫爲治國之先務。教育之先務爲明人倫，也就是教人要懂得倫常之道，故曰：「修道之謂教。」《中庸·天命之謂性章》因此儒家便以「明人倫」爲教育的宗旨。《大學·首章》云：

> 大學之道，在明明德，在新民，在止於至善。[20]

「止於至善」，是要人民「擇其至善，固執牢守」的意思。推而至於我們做人也要如此，必須敦品勵行，明德新民，而且要做到盡善盡美，才算心安。尤其是要擇善固守，明決果斷，才能立身行道，才能立功創業！所以儒家要以「大學之道」作爲教育的目標。

以儒學爲中心的教育思想，使中國文化從此有了正確發展的方向。其後各代雖迭經變更，但每一個朝代所實施的教育，亦仍然都是儒家傳統的「人倫之教」。同時《大學》又把「格、致、誠、正、修、齊、治、平」八

---

[20] 陳槃譔述《大學中庸今釋》，頁 2、3，台北正中書局，1966；「明明德」，是說要存天性而除物慾，要使此明德天性保持其本體之純明，不爲氣質所移，不爲外物所惑，日益發揚光大而充實完善。「親民」，程子認爲「親」應當是「新」；＜康誥篇＞說：「作新民」，就是要使民眾日新又新，進步不已的意思。

個條目，做爲人生由內到外不斷開展的修養過程和目標，而在此過程之中，修身則處於關鍵的地位。因此下文接著又說：「自天子以至於庶人，壹是皆以修身爲本。」所謂「修身」，即是內聖的道德修養，這是實踐人倫常道的首要工夫。

顧自堯舜以來，歷經夏商周三代，爲中國倫理思想的發揚時期，而主導此一人文素養發展方向的，係以儒家的倫理思想爲正宗。墨、法兩家的倫理思想，部分亦爲儒家所容納。是故中國倫理道德之基礎，至此已趨於穩定。其後歷經二千餘年，雖曾幾度衰微而仍能保全其根蒂者，完全是由於有此深厚基礎，深入人心，並得歷代儒臣之倡導，故能維持至今於不墜。作爲經典的《三禮》，既是當時國家的典章制度，也是家庭生活社會教化的禮儀規範。雖說是民間婚喪喜慶之禮，仍然視之爲準據。鑒於篇幅所限，於茲僅將先秦人倫教化之概況，節錄於後，以供當前青年立身處世之參考。

一、《三禮》中學校的人倫教育

（一）西周小學的倫常之教

周時小學的課程內容，從《三禮》中所蒐集到的資料，大都與人倫教育有關。當時小學有鄉學與國學之分，

一在鄉間；一在京都。由於環境的不同，課程內容也有所區別，茲分述於後：

1、鄉學：爲平民子弟所入之小學，地處鄉間，當時規定學生所修習的功課，大多屬於人倫德教的範疇，而於《周禮》中已屢屢言之：

（1）以鄉三物教萬民而賓興之：一曰六德：知、仁、聖、義、忠、和；二曰六行：孝、友、睦、婣、任、恤；三曰六藝：禮、樂、射、御、書、數。（見前文）六德、六行，爲品德的陶冶，與人倫教育息息相關。至於六藝中的「禮」，則包括吉、凶、賓、軍、嘉五禮：吉禮是祀天地人鬼之禮；凶禮是救弔災患之禮；賓禮是諸侯朝會之禮；軍禮是軍旅中遵行之禮：嘉禮又分爲飲食、婚冠、賓射、饗燕、脤膰（祭祀宗廟社稷之後分饗祭肉）、賀慶等禮。制爵，則民慎德；十有二曰以庸制祿，則民興功。《周禮·地官大司徒》

（2）布施十二教之內容：一曰以祀禮教敬，則民不苟；二曰以陽禮教讓，則民不爭；三曰以陰禮教親，則民不怨；四曰以樂禮教和，則民不乖；五曰以儀禮辨等，則民不越；六曰以俗教安，則民不偷；七曰以刑教中，則民不虣（暴）；八曰以誓教恤，則民不怠；九曰以度教節，則民知足；十曰以世事教能，則民不失職；十有一曰以賢

以上所舉的「敬」爲恭敬；「讓」爲謙讓；「親」爲

親親「和」為和樂；「儀」為禮儀；「中」為中道；「恤」為恤貧；「節」是節約；「賢」是尚賢；「庸」是尚功。其中所列者或為人倫之常道，或為日常生活之規範，大都與人倫教育有關。

2、國學：係指京都中的小學，亦即貴族子弟未升入大學之前肄業的小學。這些貴族子弟於校內所應修習的課程，《小戴記》與《周禮》中均有記錄，茲就其與倫理有關者說明於下：

（1）「凡三王教世子必以禮樂，……庶子之正於公族者，教之以孝弟睦友子愛，明父子之義，長幼之序。」《小戴記・文王世子》

（2）「師氏，……以三德教國子：一曰至德，以為道本；二曰敏德，以為行本；三曰孝德，以知逆惡。教以三行：一曰孝行，以親父母；二曰友行，以尊賢良；三曰順行，以事師長。」＜春官大司徒・師氏＞

（3）「保氏，……而養國子之道，乃教之六藝：一曰五禮；二曰六樂；三曰五射；四曰五馭；五曰六書；六曰九數。乃教之六儀：一曰祭祀之容；二曰賓客之容；三曰朝廷之容；四曰喪紀之容；五曰軍旅之容；六曰車馬之容。」＜春官大司徒・保民＞

由上列各段內容可知，第一段中的「孝弟睦友子愛」；第二段中的「三德、三行」；以及第三段六藝中的「五禮」，皆為人倫教化的要點。而於第三段中所謂的「六

儀」，則爲日常生活中援用至今的禮儀規範。

（二）大學中的人倫教育

大學乃是造就人才的場所，著重專業知識的培養，因此特別強化「六藝」的教育；不過「禮」在「六藝」中仍佔首要的地位。於茲節錄《禮記》中有關的幾段言論，便可略知一二：

1、「大學之教也，時教必有正業，退息必有居學。不學操縵，不能安弦；不學博依，不能安詩；不學雜服，不能安禮；不興其藝，不能樂學。」《禮記·學記》

2、「樂正崇四術，立四教，順先王詩書禮樂以造士。春秋教以禮樂，多夏教以詩書。王大子、王子，群后之大子，卿大夫元士之適子，國之俊選，皆造焉。」《禮記·王制》

3、「教世子。凡三王教世子必以禮樂。樂、所以修內也；禮、所以修外也。禮樂交錯於中，發形於外，是故其成也懌，恭敬而溫文。立大傅少傅以養之，欲其知父子君臣之道也。大傅審父子君臣之道以示之，少傅奉世子，以觀大傅之德行而審喻之。」

上述三段之中，對於「禮樂之教」與「人倫之道」均已提及，可見大學課程乃是小學課程的延續；而且這兩階段的課程有其共同的特點，那就是範圍廣博（就文

科言，至今不過如此）。如此廣博的課程，不但注重知識
（詩、書、數）的灌輸，尤其重視品德行為（六德、六
行、禮樂、六儀等）的陶冶，以上所列諸德，皆為人格
教育的重點，亦為儒家人倫教育的生活規範。

二、人倫教育的實踐

生活教育乃是實踐倫理道德的起步工作，人倫常德
原是存於日常生活之中。能使人培養成良好的道德與品
行，主要是依靠家庭環境的薰陶與父母的專心教育。為
了使子女的思想行為能夠符合儒家所倡導的道德規範，
能夠通過道德的實踐以成就一切，諸如為人要做到忠
孝、仁義、恭謹、敏慧、寬恕、智勇、信實等等。因此
子女的教育，必須在日常生活之中，先從家庭生活開始，
而且是年紀愈小愈好。等到這些家族中的人倫常德都能
圓滿地實踐以後，才能進一步來施行社會的教化，使他
們知道「個體」與「群體」的關係，懂得人與人相處之
道的問題。

（一）融入生活世界的人倫常德

儒家的教育重點，特別重視個人日常生活的禮儀，
等到「行有餘力」以後，才來進行知識的傳授。對於家

居生活的禮節，以及做人處事的法則，儒家有其深刻的
認識。孔子在平時就很注重自己的生活言行，穿的衣服，
無論顏色和款式，都要調配得宜；坐席飲酒的態度都很
恭謹；尤其是在上朝的時候，所表現的儀態特別謙恭。
試看弟子記載孔子上朝時的情形說：

> 入公門，鞠躬如也，如不容。……過位，色勃如也，
> 足躩如也，其言似不足者。[21]

於此可見孔子在面君時，不僅步趨動作，非常莊敬；甚
至連說話也很謙遜小聲。這種修養工夫，就在於他平日
能夠約束自己的身心，使生活中的言行舉止，都能合乎
人倫常德的禮節所致。

　　孔子更是重視禮儀的教化，他於回答顏淵請問行仁
的具體條目時說：

> 非禮勿視，非禮勿聽，非禮勿言，非禮勿動。
>
> 《論語·顏淵篇》

其本意就是在教導弟子們，只要平時留心檢點自己的所
做所為，切實用功，到了工夫純熟的時候，目所視，耳
所聞，口所言，身所行，便能處處中規中矩，合乎正道，
成為品德高尚的仁人和君子了。也就是說我們在日常生

21　見《四書纂疏·論語鄉黨篇》，頁 248　，台北學海出版社，1980。
「如不容」，輔氏曰：高大則宜，無所不容矣。今以眇然之身入之，
而知不容焉，則心小而敬謹可知矣。　「過位」，言君不在時而過其
位。「勃如」，指臉色之變。「躩如」，係指盤旋曲折貌。「其言似不
足者」，指其言語細聲以示恭謹。

活之中，必須要有優良的、標準的行為表現，道德仁義
的效果才能證驗出來。誠如《禮記・曲禮》所說：

> 道德仁義，非禮不成，教訓正俗，非禮不備。分爭辨
> 訟，非禮不決。君臣上下，父子兄弟，非禮不定。宦
> 學事師，非禮不親。班朝治軍，涖官行法，非禮威嚴
> 不行。……是以君子恭敬撙節退讓以明禮。

總而言之，人在社會之中，無論做人和處世，必須事事
依禮而行，才不致背離儒家為了實現道德仁義，基於內
在仁心的感通，殫精竭慮，而制訂了人人所應遵守的禮
儀規範。

孟子認為人在家居生活之中，時時刻刻要心存仁義，
由仁義而立身行道。循天理以去人欲之私、無所為而為，
故能成己成物，各得其宜，致使社會安定祥和，無入而
不自得。他說：

> 仁、人之安宅也；義，人之正路也。曠安宅而弗居，
> 舍正路而不由，哀哉！

《孟子・離婁篇》

居仁則心安，人總要順著他的本性本願，確實自證其真
誠與愛人的情懷，他的心才會安穩踏實，有如身居家中
安養而無憂。義為天理之當然，無人欲之邪曲，故其行
之如走中正大道，無不合宜而通達；人也要具有這種恰
當的言行，才能在世上與他人和樂交往，共營生活。這
種本然之善心，操之便存在此，舍之便亡失了。所以，

人在日常生活之中，

如果不能存仁義之心，行仁義之事；而自絕人心固有之道，那真是可悲呀！此聖賢所以深戒世人，期能猛省前非，在日常生活中能夠行仁好義，以恢復「仁義」的善端。因此，孟子主張人在壯年的時候要：

修其孝弟忠信，入以事其父兄，出以事其長上。

《孟子・梁惠王篇》

使他們懂得這些人倫的道理，平時才能做到孝親敬長，與人和睦相處。他認爲凡是人總有一些做人的道理，如果祇知吃飽穿暖，過著安逸享樂的日子，而未受到人倫的教化，那幾乎就和禽獸差不多了。所以有遠見的堯舜，便派契來掌管教育，教導人民在日常生活中來實踐人倫的五種常道：使父子間建立起親愛的感情；兄弟姊妹能夠互相友愛；夫婦之間能夠和順相處；進而才能做好君敬臣忠，朋友互信的一切人倫之道。同時，孟子也很重視日常生活的教育，他與曹交討論堯舜之道時說：

徐行後長者，謂之弟；疾行先長者，謂之不弟。夫徐行者，豈人所不能哉？所不爲也。」

《孟子・告子上》

這裡所謂踽顧左右而緩步走路的事，可以說是每個人都能做到的，但是有人卻無尊親敬長之心，不肯去做。他並以爲堯舜做人的道理，祇不過是「孝弟」兩件事罷了。人們如果能夠：

> 服堯之服，誦堯之言，行堯之行，是堯而已矣。
> 《孟子‧告子上》

我們在日常生活中的衣著言行，能夠「誠於中，形於外」，做到和堯舜一樣，那末、在品德人格的修養上，也就和堯舜一樣的崇高偉大了。

荀子能把禮節融和於日常生活之中，以作為養心正身之用。他說：

> 愚款端愨，則合之以禮樂，……凡治氣養心之術，莫徑由禮。」[22]

是說愚誠端愨的人，在平時的言語行動，多無文彩，故以禮樂來和合他。而治氣養心之道，最快的方法是由禮入手。又說：

> 食飲、衣服、居處、動靜，由禮則和節，不由禮
> 則觸陷生疾。容貌、態度、進退、趨行，由禮則
> 雅，不由禮則夷固僻違，庸眾而野。[23]

他把飲食衣服，居處動靜，容貌行止等生活細節，都已

---

[22] 李滌生著《荀子集釋‧修身篇》，頁 27 ，台灣學生書局，1981。「款」、意即「誠款」。註：此言修身之術，在攻其短也。「徑」於此為「捷速」之義。

[23] 同註（22），頁 24 ；「和節」、猶「和適」。言吃飯、穿衣、起居、動靜，依禮而行，就和順調適；不由禮，就抵觸陷禍，發生毛病。又：「雅」、嫻雅。「夷固」、猶「夷倨」。「僻」、「違」，皆邪也。「夷固僻違」，猶言倨傲僻邪。「庸眾而野」、猶言凡庸而粗野。案：此皆言「禮」為容止的規範。

納入禮的範圍，要以禮來作爲「正身」之具。聖人制禮作樂，提出人倫教育的主張，目的就是要使人的良知良能，依其自主性的要求，圓滿地實現於各種生活的層面上，而使人世間各種形式的生活細節，都有可供遵循的社會規範。

曾子對於日常生活的禮節，更是特別講究，他認爲有才德的君子，其作風跟小人是不一樣的。凡是有所言，必想所言皆可以受到人們的稱道；凡是有所爲，必想所爲皆可以使人們歡樂；凡是立德行義，必可使人人尊敬；凡是所做的事情，一定都可以作爲大家的模範；自己的容貌和儀表，最好能做到使人讚美；至於在日常生活中的一進一退，也要能作爲他人的楷模。所以他說：

> 飲食以齒，力事不讓，辱事不齒，執觴觚杯豆而不醉，
> 和歌而不哀，夫弟者，不衡坐，不苟越，不干逆色，
> 趨翔周旋，俛仰從命，不見於顏色，
> 成於弟也。[24]

而把日常生活中的吃飯、喝酒、工作、娛樂、坐立、走

---

[24]高明註譯《大戴禮記・曾子事父母》，頁 186、187，台灣商務印書館，1975 初版，「飲食以齒」，是說在飲食的時候，要以年齡定次序，讓年長者在前。「觴觚」，觚、酒器；裝了酒，就叫做觴。「不干逆色」，干、是干犯。「逆色」，是不愉快的容色。這句是說，不干犯年長的人不愉快的容色。「趨翔周旋」，趨、是迅速的走。翔，是腳尖著地輕輕地走。這句是說，快快 地走，輕輕地走，周旋於年長的人中間，才能合乎禮儀。

路等，也都納入倫理規範之中。他認爲一個人要想善盡孝道，除了內心的誠懇，還要注重行爲的恭謹。因此他主張平時的言談，都應與人倫之禮儀有關，於是他又說：

> 與父言，言畜子；與子言，言孝父；與兄言，言順弟；
> 與弟言，言承兄；與君言，言使臣；與臣言，言事君。
> 《大戴禮記・曾子立孝》

由此可知，「五倫」的實踐，與一個人的生活行爲，儘管是一舉一動，也都極有關係，這是我們做人處世所應遵守的行爲規範。

人倫常道，原是發自個人的「良心天理」，它是一種有價值、有超越性的道德活動。歷來的道德家，不分古今中外，都很注重人的行爲和實踐工夫。孟子講「仁、義、禮、智」四端，倡存心養性，也都是道德實踐的具體表現。所以人倫常道，本來就應該而且很自然地表現到各種生活的層面，使人間各種形式的生活，都有可供遵循的共同規範。儒家之所以要把各種倫理道德，完全納入生活規範之中，其目的即在致力推動人倫教化，使世人皆能明禮知義，安分守己，在人際關係中能有良好的行爲表現，而讓人們所處的生活環境，成爲一個注重倫理文化的道德世界。

（二）《禮記》中有關倫常的生活規範

我國素為「禮儀之邦」，特別重視人倫教化。孔子在闡明孝道時，重點都放在日常生活方面，把倫理道德解釋為人類生活文化傳承的關鍵。有關先秦的倫常之教，在《禮記》一書中解說得非常細密詳盡，都與日常生活的禮儀規範有關。在內則、曲禮、少儀、文王世子、曾子問等篇：對子女在日常生活中的每一個階段、場合、舉手、投足、面色、言語等的表現神態，都描寫得清清楚楚。舉凡儒家所講的人倫之道，幾乎包括了我們全部生活在內。於此僅就其富有教育意義者，分類節錄於後，以供今人於治家或教學時，聊作參考與抉擇之應用。

（1）起居作息方面：

> 男女未冠笄者，凡內外，雞初鳴，咸盥漱，衣服，
> 斂枕簟，灑掃堂室及庭，布席，各從其事。孺子
> 蚤寢晏起，唯所欲，食無時。[25]

這些在日常生活中起居作息的事務，都是在培養青少年早起、整潔、勤勞、負責等的好習慣。

（2）儀容服裝方面：

> 禮義之始，在於正容體，齊顏色，……容體正，顏
> 色齊，而後禮義備。＜冠義＞

個人儀容應該日常修飾，服裝應該穿著整齊，如此才能禮節周到，受人尊敬。＜曲禮＞中又說：

---

[25]王夢鷗註譯《禮記今註今釋・內則》，頁445，台灣商務印書館，1981；「布席」，布置坐席。

> 為人子者，父母存，冠衣不純素。孤子當室，冠衣不
> 純采。

由此可見，穿著衣服的色采式樣，因為境況的不同，也
是有所區別的。

（3）事奉親長方面：

> 夫為人子者，出必告，反必面，所遊必有常，所習必
> 有業。恆言不稱老。年長以倍則父事之，十年以長則
> 兄事之，五年以長則肩隨之。」又「不苟訾，不苟笑。」
> ＜曲禮＞

於此說明做人子弟的，在平常與親長相處之時，即使是
一言一行，都有一定的禮儀要遵循。

（4）行走坐立方面：

> 為人子者，居不主奧，坐不中席，行不中道，立不中
> 門。……立必正方，坐不橫肱；虛坐盡後，食坐盡前，
> 坐必安，坐毋箕。遊毋倨，立毋跛。[26]

做人家子弟的，平時家居，不可佔住尊長的位置；不要
坐當中的席位；不要走當中的過道；不要站在當中的門
口，而且站的姿勢要端正。跟別人坐在一起，不要橫著
膀子；不是在飲食，應儘量往後坐，如果是在飲食，就
要儘量靠前坐；坐時要穩定，保持自然的姿態，不要把

---

[26] 同註（25）＜曲禮＞，頁 13，「奧」，古代以屋之西南隅為奧，
「奧」是家長的尊位。頁 18，「橫肱」，橫著肘膀，侵犯別人。
頁 21，「虛坐」，非飲食之坐。頁 24，「遊毋倨」，遊，走路；
倨，傲慢的樣子。

兩腿分開像畚箕。走路不要大搖大擺，顯得傲慢的樣子；
站著的時候不要跛足敧著肩頭。

（5）說話視聽方面：

　　禮義之始，在於順辭令，辭令順，而後禮義備。

　　＜冠義＞又：

　　行修言道；毋儳言，毋剿說。[27]

「言必先信。」＜儒行＞「惡言不出於口，忿言不及於
身。」＜祭義＞說話不要東拉西扯，更不可打斷別人的
話頭。同時要謹慎有信，並且不出惡言，更要做到「口
無擇言」，才不至「禍從口出」，惹來煩惱。孔子說：

　　君子居其室，出其言善，則千里之外應之，況其邇者
　　乎！居其室，出其言不善，則千里之外違之，況其邇
　　者乎！《易傳・繫辭上》

此謂人之言談，必須做到「言滿天下無口過」才算正當。
人的視覺雖遠，聽覺雖廣，但是為了不違背禮儀，便不
能亂看亂聽；因此＜曲禮＞中有：「聽必恭，不傾聽；正
爾容，毋淫視」等有關日常生活的規範。[28]

（6）事奉師長方面：

　　侍坐於先生：先生問焉，終則對。請業則起，請益則

---

[27] 同註（25），頁 4，「言道」，就是言合於行，亦即說到做到的意思。
　　頁 21，「儳言」，東拉西扯的說。「剿說」，鄭玄云：「取人之說以
　　為己說。」
[28] 同註（25），頁 24 ，「淫視」，左右瞟眼。

起。先生召，無諾，唯而起。[29]又從於先生，不越路
而與人言。遭先生於道，趨而進，正立拱
手。先生與之言則對；不與之言則趨而退。
　　＜曲禮＞

以上所言事師的禮節，自古承接至今，社會仍然奉行不
移，這是學子們所應遵行而不悖的。

（7）交際應酬方面：

將適舍，求毋固。將上堂，聲必揚。……將入戶，視
必下。……凡與客入者，每門讓於客。客至於寢門，
則主人請入為席，然後出迎客。客固辭，主人肅客而
入。[30]

這些社交禮儀，在交際應酬的場合中，而是每一個人都
應隨時注意的。

（8）宴會酒席方面：

毋摶飯，毋放飯，毋流歠，毋咤食，毋齧骨，毋反魚
肉。毋固獲，毋揚飯。毋嚃羹，毋絮羹，毋刺齒，毋
歠醢。……濡肉齒決，乾肉不齒決，毋嘬炙。[31]

---

[29] 同註（25），頁 21，「唯」、「諾」雖同是回聲，但唯比諾較為恭敬。

[30] 同註（25），頁 16，「求毋固」：固，孫希旦解作「鄙固」，即粗魯
而不懂禮貌的意思。「視必下」：是進門時必須注視前面地下，以
防衝撞人家。頁 17，「固辭」：是再三謙讓。「肅客」：敬請客人

[31] 同註（25），頁 30，「毋流歠」：歠是飲，是說法不要喝得滿嘴淋
漓的樣子。「毋咤」：「咤」叱咤，即口作聲；意即不要吃得嘖嘖作
聲。「毋固獲」：不要專據食物而必取之。「嚃羹」：即大口喝湯。
「絮羹」：絮，調和的意思；意即調和菜湯。「歠醢」：醢，肉醬；

飲食雖是人的生活細節，平時無關緊要，但在參加宴會時應有的禮數，表現出一國飲食文化的高低，對於國家的形象影響至鉅，也是我們在日常生活中所應該留意的。

教育的最大目的，即在增進個人對其生活環境的適應能力。人之所以為人，而不同於其他動物，那是因為人具有理性；理性亦即人類生活共同的理則。教育的任務，就是在啓發人心所具有之理性。易言之，教育的目的是要喚起人的良知良能，恢復人的良心善性，能夠自覺自動地來實踐倫理道德，懂得做人處世的道理，能夠使家族和樂，為國家盡中，為社會造福，而使人類的生活品質，達到至善的境界。因此，先秦的教育思想家都有一個共同的觀點，認為學校的人倫教育與家庭的生活教育，二者是相輔相成的；同時必須注重「身教」與「言教」的配合，在計畫教學中普遍地來加以推行，始能收到事半功倍之效。

三、「五倫」的實踐要道

人倫教育的實踐，乃是一種有價值的道德活動。由於道德充滿了創造性。所以有道德的君子能夠體會天道，而使客觀的天道與內在的性命相貫通，也就是能通

意即喝醃漬的肉醬。「齒決」：是用牙齒咬斷。「嘬」如「撮」，是說聚而吞食之。

過內聖的修養，而把人道實踐於生活之中。「民之秉彝，好是懿德。」《詩經·大雅·烝民》言好善惡惡乃是人之常性。倫理道德之發端，原本基於人之天性，而為人心所秉持的常道。

儒家所謂的五倫，原是五種基本的人際關係，也是人群平常相處的做人道理。這五倫皆為性之所固有，聖人知其然，因父子之道而制定士冠之禮；因君臣之道而制定聘覲之禮；因夫婦之道而制定士昏之禮；因長幼之道而制定鄉飲酒之禮；因朋友之道而制定士相見之禮。這些人倫常道，貴在能夠切身力行，故自天子以至於庶人，少而習焉，長而安焉，禮之外，別無所謂學了。於是結論出父子當親，君臣當義，夫婦當別，長幼當序，朋友當信這五種應有的德行。希望這些優良的行為，能從日常生活中圓滿地表現出來。

「孔子的全幅生命純粹是踐仁的生命，仁是一切德性之所從出；他以忠恕作為吾人呈現仁心的主要修養工夫。經由忠恕，人不僅要為自己的生命，實現最合理的內容，同時也要能推己及人，而與所有人分享生命的美善與真實，所謂『己欲立而立人，己欲達而達人』。《論語·雍也篇》仁者不僅是自我生命本體的完成，也同時要與一切的存在，一起完成其存在的意義」。[32]孟子所謂

---

[32] 陳德和著《生活世界的哲思》，頁179，台北樂學書局，2001；及王邦雄等著《中國哲學史》，頁26，國立空中大學，2003。

的「立命」，是要人應天命以成人，也就是要遵循：

> 居天下之廣居，立天下之正位，行天下之大道。得志
> 與民由之；不得志，獨行其道。」[33]的道統。同時教

人要做到：

> 窮不失義，達不離道。窮不失義，故士得己焉；達不
> 離道，故民不失望焉。古之人，得志澤加於民，不得
> 志，修身見於世。窮則獨善其身，達則兼善天下。
>
> 《孟子·盡心篇》

所以他「立命」的精神，與孔子「己欲立而立人，己欲
達而達人」的精神是相同的；孟子只不過是將孔子的「立
己」和「立人」兩者，加以闡述和融會之後，換成作為
「立命」罷了。

　　荀子以為倫常之道的實踐，必須以禮義為法則，大
家才能定分止爭，因而特重客觀的禮義。他說：

> 為人君，以禮分施，均偏而不偏；為人臣，以禮待君，
> 忠順而不懈。為人父，寬惠而有禮；為人
> 子，敬愛而致文。為人兄，慈愛而見友；為人弟，敬
> 詘而不苟。為人夫，致功而不流，致臨而有辨；為人
> 妻，夫有禮則柔從聽侍，夫無禮則恐懼而自竦也。此
> 道也，偏立而亂，俱立而治，其足以稽矣。[34]

---

[33] 《四書纂疏·孟子·滕文公》，頁 428 ；台北學海出版社，1980。
「廣居」、指仁而言；「正位」、指禮而言；「大道」、指義而言。

[34] 李滌生著《荀子集釋·荀子·君道篇》，頁 267，台灣學生書局，
1981。「此道」總括為君、為臣……以及為夫、為妻的人倫之道

由此推之，人倫之道，必須依乎禮義而行，才能各處其宜，各安其分。如此才能實現《大學》所謂「止於至善」的人倫諸德：

> 為人君，止於仁；為人臣，止於敬；為人子，止於孝；
> 為人父，止於慈；與國人交，止於信。

這些人倫常德的實踐，就是對於個人完美人格的陶冶。教部所頒《訓育綱要》有云：

> 培養實踐道德能力之道無他，好學、力行、知恥三者而已。

「好學近乎智，力行近乎仁，知恥近乎勇。」《中庸・哀公問政章》智者之知必知仁，勇者之行必行仁；這「知、仁、勇」三者，乃是行仁的要件。行仁之道，在於博愛，博愛則情厚，故能博施於民，這是實踐人倫常道的原動力。至於人倫德教的實踐，其範圍涉及人生的整個生活層面；於茲僅就儒家對於五倫的實踐要道，略作扼要之敘述，其用意在於人文化成，有助世道人心之改善。

（1）親子關係的超然性：

倫常關係如就原則而言，應該是互待互成的，父子

而言。這些人倫之間的道理，都有一定的分際，若偏於一面，失其中正，就足以招致禍亂；若兩面俱立，得其中正，就足以得到安和。

之間，具有天生內在、無法分割的血源關係，其相處應
以恩義爲主。按理來說，慈孝是父子互盡之倫，爲人子
者，固應善事父母，使其老有所終；爲人父者，亦應以
慈愛蓄子，使其幼有所長。所以子女對父母應該孝順，
父母對子女也應該慈愛。但是父母親情，出自天性，而
有骨肉相傳的血親關係；父母縱然有所不是，做子女的
亦須婉言微諫，就是「見志不從」，也要「微諫不倦，勞
而不怨。」《孟子・公孫丑篇》這種具有道德超越性的人
倫關係，是不可以忽視和違抗的；因此，如果「諫而不
從」也不可以頂撞父母，而違背了孝順之道。所以做子
女的，千萬不可把盡孝看作是有條件的，好像父母不慈，
我們就可以不孝似的。因爲重視孝行，宏揚孝道，乃是
中華文化的標準德目，在學術上樹立了有系統的理論基
礎，成爲普及全社會的人倫常德；在歷史上奠定了以孝
悌爲最高品德的地位；在現行法律上也成爲認定是非善
惡的標準，而爲全民所共同遵守的社會規範。這些倫理
道德的形成，經過前人實踐的結果，已經成爲人世間一
切行爲的規範，其來源則是來自道德的價值，道德經過
觀念的內化，進而表現成行爲的規範。曾子最能懂得孝
道，他於答單居離問事父母之道說：

> 愛而敬，父母之行若中道，則從；若不中道，則諫；
> 諫而不用，行之如由己。從而不諫，非孝也；諫而不
> 從，亦非孝也。孝子之諫，達善而不敢爭

辯；爭辯者，作亂之所由興也。

《大戴禮記・曾子事父母》

意即我們侍奉父母，必須做到愛和敬。父母的行為如果不合乎道理，做子女的必須婉言相諫，而且要有「從義不從父」[35]的抉擇，否則，就是陷親於不義。即使勸諫的話不為父母所接受，也祇有照著父母的意思去做，讓別人看起來，好像是自己的錯一樣。我們必須要做到「孝子之事親也，三諫而不聽，則號泣而隨之」[36]的古訓，這才算是真正盡到孝順之心了。

總之，我們奉養父母，必須得其歡心，樂其耳目，豐其飲食，安其寢處，經常要做到「冬溫而夏凊，昏定而晨省」，[37]斯謂之孝。誠如孔子所說：

孝子之事親也，居，則致其敬。養，則致其樂。病，則致其憂。喪，則致其哀。祭，則致其嚴。五者備矣，然後能事親。《孝經・紀孝行章》

所以，父母親在世的時候，做子女的就要以愛和敬來事奉父母；父母如果有什麼病痛，就要趕快送醫去治療；父母親去世了，要以悲哀和傷痛的心情來料理後事；一

---

[35] 同註（34）＜子道篇＞，頁651、652，「服從正義而不服從父之亂命，這是大德行」。

[36] 同註（25）＜曲禮下＞，頁69，「父子至親，其恩義無可逃於天地之間，故如此」。

[37] 同註（25）＜曲禮上＞，頁10，「凊，使物涼冷曰凊。定，是安其床衽。省，是問其安否。」

切的祭典都要合乎禮制。能夠做到這種地步，人子應盡的本份都盡了，養生送死的大義也做到了，惟有如此，纔是盡完了奉事父母應盡的孝道。

（2）君臣相處之道：

做國君或（長官）的，重在以德行仁，就要推恩以行仁政。仁政就是愛民之政，無仁政，便不能治平天下；在上位者要有仁心仁德，而把仁恩及於人民或（部屬），人民和屬下自然會心悅誠服。是故孟子說：「民之歸仁也，猶水之就下也。」[38]自古以來，聖明的國君，偉大的領袖，都能「率天下以仁」，而使天下之人能夠各安生理，各得其所。由於國君的發政施仁，深得民心，因此能使人人懂得盡忠報國的大義。至於國家大事並非君主一人之力所能勝任，必也「賢者在位，能者在職」，始能達致太平盛世的景象。是故為人君者，必須察納雅言，行事合宜，做到「以禮分施，均偏而不偏」，《荀子·君道篇》才能大公無私，使人誠敬心服；更要做到功不歸己，過不諉人，致力仁民愛物以成其大，此之謂君德。

至於做臣子或（部屬）的，必須居敬崇禮，以禮待君；以敬事上；更要盡忠職分，致力輔佐君主以推行仁

---

[38] 同註（33）《孟子·離婁上》，頁445，「言民之所以歸乎此，以其所欲之在乎此也。」

政，所以孟子說：

> 君子之事君也，務引其君以當道，志於仁而已。[39]

爲人臣者，能使君王心存於仁，事合於理，便是「引君
於正」，以正道事君。春秋時鄭國的大夫子產，能夠做到
克敬克忠，又能愛民養民，所以孔子贊美他盡到了「恭、
敬、惠、義」四種爲臣之道。不過敬與忠並非一味的服
從，做臣子的既以輔佐國君爲職責，那末，國君所應爲
的善政自當竭力助其完成；如果是不應該爲的虐政，則
要盡力諫阻才對。因此孟子以爲誠心對君責難，及陳善
閉邪，並不有失恭敬之處。所以他有「責難於君謂之恭，
陳善閉邪謂之敬」[40]的說法。孔子也認爲盡忠必須犯顏直
諫，他於答子路問事君的道理說：「勿欺也，而犯之。」
[41]荀子也有「從道不從君」[42]的說法。總之，爲人臣者應
以正道事君，如果自己的政治理想不合上意，難有實現
的機會，那就要「不可則止」，掛冠求去了。

---

[39] 同註（33）＜告子章句下＞，頁516，「當道」，謂事合於理；「志
仁」，謂心在於仁。「真氏曰：道之與仁，非有二也；以事之理而
言則曰道，以心之德而言則曰仁；心存於仁，則其行無不合道
矣」。

[40] 同註（33）＜離婁章句上＞，頁441，「范氏曰：人臣以難事責於
君，使其君爲堯舜之君者，尊君之大也。開陳善道以禁閉君之邪
心，唯恐其君或陷於有過之地者，敬君之至也。」

[41] 同註（33），《論語・憲問篇》，頁298，「范氏曰：犯非子路之所
難也，而以不欺爲難，故夫子教以先勿欺而後犯也。」

[42] 同註（34）「服從大道而不服從君之亂命，這是大德行。」

（3）相互敬重的夫婦關係：

　　夫婦一倫，雖然不是天倫，但男女成婚，卻是建立家庭的基礎，也是「人倫之大始」。所以孟子說：「男女居室，人之大倫也。」《孟子・萬章上》「人倫之大始」係指父子兄弟的關係，乃是由於夫妻一倫所衍生出來的。所以《禮記・昏義》也說：

> 男女有別而後夫婦有義，夫婦有義而後父子有親，父子有親而後君臣有正。

在我國的社會中，五倫雖以父子之倫為主軸。但是：

> 君子之道，造端乎夫婦。及其至也，察乎天地。[43]

　　夫婦一倫的確立，乃是家族倫理的基礎。夫婦既為人倫之造端，其在家庭地位的重要，由此可想而知。《詩小雅・棠棣》有云：

> 妻子好合，如鼓琴瑟。

《易上經・小畜》又云：

> 夫妻反目，不能正室也。

所以夫妻相處，應該像彈奏琴瑟一樣的和諧與美好，夫唱婦隨，如此才能：「宜爾室家，樂爾妻孥。」（同前）

---

[43] 同註（20）《中庸今釋・君子之道費而隱》，頁 24 ，正中書局印行，1966。「君子之道，愚夫愚婦可知、可行，所以說『造端乎夫婦。』」

共同建立起幸福快樂的家庭。家庭既是由夫婦二人所組成，非若其他組織之可定於一，因此在生活方面，必須互相敬重；在處事方面，必須分工合作。家庭內部的事，其最後決定權應歸屬於婦，對外的事情，其最後決定權則歸屬於夫。古人有「女主內，男主外」之說，其道理即在此。夫婦對於家庭事務的管理，能夠職責分明，互相配合與照應，則是形成快樂家庭的重要條件。

（4）兄弟姊妹相處之道：

兄弟姊妹之間，必須相親相愛，長幼才能和睦相處。兄弟有如手足，骨肉至親，關愛之情，更要出於至誠。「本是同根生」的兄弟，除了稟受相同的血脈來源，同時也生長在同樣的環境裡，接受著同樣的家庭教育薰陶，並擁有相似的成長經驗，經歷共同的憂喜榮辱；因而彼此之間，在相敬相親之外，更有一份相知相惜的感情。《詩經・小雅・常棣》云：

儐爾籩豆，飲酒之飫，兄弟既具，和樂且孺。[44]

這裡所描繪的乃是一幅充滿溫馨和樂，兄弟相聚共飲共享的幸福家庭圖。中國人重視孝道，也強調「弟道」，孝

---

[44] 馬持盈註譯《詩經今註今譯・小雅・常棣》，頁 259，台灣商務印書館，1988。「儐」：音賓，陳列。「籩豆」：飲酒之器。「飫」：音淤，足，飽。「具」：俱。「和樂且孺」：孺：愉快親愛，言兄弟之間和樂而愉快。

與悌同被大家視爲齊家之本。曾子於回答單居離問事兄
之道時說：

> **尊事之，以爲已望也；兄事之，不遺其言。兄之行若**
> **中道，則兄事之；兄之行若不中道，則養之。**[45]

是說做弟弟的應該尊敬兄長，不遺忘他的話。兄長的行
爲如果合乎道理，就把他當作兄長侍奉；反之，如果不
合乎道理，就會爲他擔憂。單居離又問指使弟弟的途徑
如何？曾子繼續回答說：

> **嘉事不失時也。弟之行若中道，則正以使之；弟之行**
> **若不中道，則兄事之，誳事兄之道若不可，然後舍之**
> **矣。」**[46]

做兄長的要爲弟弟舉行冠禮和婚禮，同時不要錯過時
間。弟弟的行爲如果合乎道理，就以對待弟弟的正道來
指使他；反之，弟弟的行爲如果不講道理，做兄長的也
只好委屈自己一下，而以敬事兄長的禮來待他；用了敬
待兄長的道理來對待他，如果還是不能感化他，那就只
有捨棄而不管了。敬長扶弟，乃是義的具體表現；兄友
弟恭，更是最重要的禮法。兄弟之間，必須互相關愛，
有事彼此相助，才是盡到做兄弟的本分。

---

[45]同註（24），頁 185，「望」，是儀象，是榜樣。「不遺其言」，是說
奉行兄長的話而不忘。「養之」，是爲他擔憂的意思。

[46]同註（24 ），頁 185、186，「嘉事」，指舉行冠禮和婚禮之事。「兄
事之」，是說以敬待兄長的禮來待他。「誳」，作「盡」字講。「不
可」，是說不可化導。

至於最能友愛弟弟的人，那就要數虞舜了。舜之異母弟「象」，是個最不仁德的人，天天設計想要陷害舜，但是他做了天子以後，並不把過去的仇怨記在心裡，仍然對象非常友愛；為了想使弟弟得到富貴，就把他封在有庳的地方。由於象在自己的國家裡不能有所作為，舜便另派官吏去幫助他辦理國事，並把國內的貢物和租稅都送還給弟弟。詩云：「宜兄宜弟」；[47]「宜兄宜弟，而后可以教國人。」[48]舜在極端不慈不弟之家庭中，仍能篤行孝悌之道，故使天下之人都受到他的感化，而能篤行孝悌之道。

（5）信為交友之道：

人生於世不能離友而獨立。同師曰朋，同志曰友。古人之於朋友，有責善之情，有通財之誼，有往來酬酢之禮。人與人間友誼之建立，全靠一個「信」字，有關懷、有互信，方可稱為朋友；故曰：「朋友有信。」交友之目的則是為了輔仁，易言之，即在德行上能夠互相輔助，有所進益；因此，儒家特別強調交友之道。孔子以

---

[47]同註（44），《白華之什・蓼蕭》，頁282，「宜兄宜弟」，言兄弟之間，大家要各盡其宜，為兄者宜盡為兄之道；為弟者宜盡為弟之道。

[48]同註（20）《大學今譯・傳第九章》，頁34，是說家庭之中，兄弟能夠親愛和睦，就可以給國取法和傚、

「友直、友諒、友多聞。」[49]爲益者三友。又說交友要「友其士之仁者。」

曾子亦有「君子以文會友，以友輔仁。」《論語‧顏淵篇》的明訓，作爲交友的明鑑。在交友的態度上，子張認爲應「尊賢容眾，嘉善而矜不能。」《論語‧子張篇》以矜惜不如己者。孟子更推廣其意而對萬章說：

> 一鄉之善士，斯友一鄉之善士；一國之善士，斯友一
> 國之善士；天下之善士，斯友天下之善士。
>
> 《孟子‧萬章下》

由此可知君子之論交，純係出於聞風而相悅，懷義以相接；所以擇友，應以德行學問勝過自己的爲對象。交友是不受時空限制的，可以廣結天下有善行的人，也可以與古人交接，頌其詩，讀其書，以識其人，此之謂「尚友古人」。

交友最忌有所挾，如挾長，挾貴，挾兄弟勢力而友；否則相交的目的，也就不是爲的「輔仁」了。因此孟子於回答萬章問交友之道說：

> 不挾長，不挾貴，不挾兄弟而友。友也者，友其德也；
> 不可以有挾也。[50]

與其相交者如果有所利用，或有所依賴，那就不是真的

---

[49] 同註（33）《論語‧季氏篇》，頁 319。「友直則聞其過，友諒則進於誠，友多聞則進於明」。

[50] 同註（33）《孟子‧萬章章句下》，頁 484，「挾者，兼有而恃之之稱」。言應以慕其德而友，不可因挾其勢而友之。

在交朋友了。同時交友之道貴在責善；朋友有過，必須
「忠告而善導之，不可則止。」[51]因為勸告不宜常常為之，
否則就會自討沒趣，反而徒使友情更疏遠了。

（6）校園倫理的強調：

　　現代的教育，遠比往昔要來得專業化，來得更科技
化。為了重視人文的教化，學校必須相機指導同學多讀
經典；因為經典中有許多常理常道，它是先民智慧的結
晶，推行人倫教育的寶典；同時也是加強校園倫理，融
和師生關係的重要題材。師長要能發揮愛的教育，在教
學時與同學互動良好，能夠循循善誘，誨人不倦，使學
生在學業上的困難問題，能夠在輕鬆和悅中得到解決，
學生心目中自然會興起對老師的敬意。做學生的也要懂
得尊師重道的禮儀，如此才能敬業樂群，懂得親親仁民
之道。所以顧亭林先生在《日知錄》中說：

> 父子之親，長幼之序，男女之別，非師不明。
>
> 《日知錄・卷九・思事親不可以不知人》

可見人倫教育的推廣，也是有待老師來弘揚光大的了。
老師誨人不倦，教人學以致用，育才興國，故其功勞值

---

51 同註（33）《論語・顏淵篇》，頁 280，「友所以輔仁，故盡其心以
　告之；善其說以導之。然以義合也，故不可則止；若以數而見疏，
　則自辱矣」。

得世人肯定。且其人格清高，不忮不求，應該受到社會普遍的尊敬。至於學生應該如何尊師呢？其前例則有許多古訓可考，於此特就其重點逐條說明於後：

（1）有事弟子服其勞：

> 子疾病，子路請禱。《論語·述而篇》
>
> 子疾病，子路使門人爲臣。《論語·子罕篇》
>
> 子曰：回也，視予猶父也，予不得視猶子也。
>
> 《論語·先進篇》

以上各句所記的內容，是說孔子病重時，子路非常關心，於是便請求代爲夫子禱告；並派學生作爲夫子的家臣，熱心地來照顧他的晚年，以便料理家事。第三段的話，是孔子讚美顏淵對他的尊敬之心，以爲好像子女事奉父親一樣，因而興起無限的感慨。

（2）事師之道：

> 事師無犯無隱，左右就養無方，服勤至死，心喪三年。
>
> 《禮記·檀弓上》
>
> 大學之禮，雖詔於天子，無北面，所以尊師也。
>
> 《禮記·學記》

前段言事奉老師，無需犯顏直諫。當其侍候在老師左右時，亦須事事躬親，竭力爲他服務，要像子女對父母一樣的有禮節。後段是說做人君的，於接見自己的老師時，亦不讓其北面朝見，以示尊敬。明儒王文成公在《教條示龍場諸生》一文中，也曾講到事師之道。他對相隨的

弟子說：

> 人謂『事師無犯無隱』，而謂師無可諫，非也。諫師之
> 道，直不至於犯，而婉不至於隱耳。使吾而是也，因
> 得以明其是；吾而非也，因得以去其非。

文成公以爲事師要像對尊長責善一樣，坦直的態度是應
該的，但須注意禮節，才不至妄言頂撞，冒犯師長。委
婉的方式也是必須的，但是切記不可蒙蔽欺騙，明知而
隱諱不言。如此才能是非分明，學有心得，不致入寶山
空手而回。

　　尊師重道，非但攸關社會的隆替，國家的興衰，對
於在學的青年，更有密切的利害關係。我們如要學有專
精，術有專長，在求學過程中就必須先要懂得尊師；因
爲尊師才能重道，才知道努力向學。我國早有「一日爲
師，終身爲父」的美談；由此可見古人對於老師的尊敬，
是如何的重視了。何況老師的生活清苦，職責重大，不
止值得學生尊敬，社會上的一般人，也應當存有尊師重
道的心理，大家都要對老師以禮相待才對。

　　以上併列五倫的實踐要道，如能以儒家的立論爲依
據，推陳出新，加以靈活運用，，自能建立起以「孝、
慈、友」爲中心的倫理家庭，而使子女在和樂的環境中
成長。子女得到父母的慈愛之後，一定能孝順恭敬；兄
弟姊妹之間亦必相敬相愛；夫妻也能相敬如賓，全家都
能和睦相處。

　　國之本在家、家之本在身《孟子·離婁章上》
家庭是一個小的社會組織，如果父母、夫婦、子女、兄
弟、等關係，都能協調和諧，互相親愛，整個家庭自然
有倫有理，秩序井然，這就叫作齊家。家家如果能齊的
話，社會必然安和樂利，國家必能長治久安，自能逐步
登向大同世界之境。

第五章 結 論

第一節 加強國民道德教育

倫理道德的實踐，除了父母的家教之外，更需仰賴學校教育和社會的密切配合，始能發揮廣泛的教育功能。仁是道德之根，價值之源。公民活動中的每一個公訓德目，都是由人內心之「仁」，對應於「人、事、物」而顯現出來的好德行。「智、仁、勇」三達德，《中庸・哀公問政》「忠、孝、仁、愛、信、義、和、平」八德，都是由「仁」而推衍發展出來的。學校必須把這些倫理道德融合於科際教學之中，才能使青年學生，從各種學習活動中培養起好的道德觀念。儒家的「仁本」思想，強調人性向善，而使一切倫理道德的規範，由此奠定了穩固的基礎，這些道德教條，正是要幫助青年學生來培養健全理想的人格。因此道德教育，不僅可以重振校園倫理，提升教學效果；而且還可以使社會得到共識，形成和諧的人際關係，如此才能提高國民的生活品質，藉以培養起敬老慈幼的仁愛精神。

道德教育的對象是整體的，包括了所有社會大眾；涉及的範圍是全面的，貫串了人類整個的生活層面。「智仁勇」三達德，「禮義廉恥」四維；以及「忠孝仁愛信義和平」八德；都是做為一個現代國民必須具備的道德修

養。因此道德教育的目標，即在使國民學得此時此地的道德規範，希望藉著這些規範使他們與生俱有的善良本性，得到圓滿的實現。但是如何依循人的自然情感，掌握人的內在要求，配合外在既成的規範，而使個人的優良行為，能夠落實到日常生活之中，則是一件相當複雜的事。所以我們一定要把儒家所講的仁義道德，與近代教育家所強調的「行為科學」充分調合之後，確實貫注於食、衣、住、行、育、樂等生活之中，務使我們的言行舉止，都能合乎禮儀常規，完美地實現於各種生活層面之上，而使人世間各種形式的生活，都有可供遵循的道德規範。

　　禮義的教化，愛心的培養，乃是國民道德教育的主要目標。「仁」為心之善端，做人必須心存仁義，思以道德為本，行以義理為法。能夠堅持人道義行，臨事莊敬，誠信無妄，才能成為一個有守有為的青年，愷悌和樂的君子。是故《易傳》說：

**　　立人之道，曰仁與義。《易傳・乾文言》**

人倫教化，尤為儒家學術思想的主流，其宗旨即在立人道，存人性，匯集而成內華外夷的民族倫理，而以「五倫」、「四維」、「八德」為中心。其目的是要以人倫振綱紀，存天理；以人性維道統，行仁義，由明倫復性以建立倫理的社會秩序。其功能足以正心修身，化民成俗，確有培養國民道德，復興民族文化的績效。

第二節 落實人倫常德於生活教育之中

　　各級學校如欲加強道德教育，灌輸人倫思想，以蔚成良好的校風，就必須實事求是，從基本的實踐行動著手。首先應建立和諧的師生關係，以構成良好的溝通管道，其次是把儒家人倫教育的綱目，切實地與公民訓練相配合。最後是要把倫常之德落實於生活教育之中。茲就其細則分述於後：

（1）師資培訓方面：

　　人倫教育的推行，特別需要品德修養好的老師。所以在師範教育的課程方面，必須加強道德規範的實踐，注重訓育理論和方法的探討，以便提高教育人員的素質，培植出優秀的訓育人才。教師不祇是歷史文化的傳遞者，也是倫理道德的維護者。因此我們在教學時，必須與學生的學習活動打成一片，才能擴大教育效果，同時還要具備仁慈，公正、誠懇、熱心、和藹、同情等高尚的品德，以博得學生真心真意的「敬」，打從肺腑裡發出誠敬之心，來敬愛師長，親近師長，甚至視師長如父兄。這種老師有「愛」，學生有「敬」的和諧關係，自然有有助人倫教育的推展，公民訓練的中心德目，也可由此順利地達成了。

（2）教材配合方面：

　　現行中小學校對於「生活倫理」，「公民道德」的教訓，雖已較前大有進步，但其他學科仍須在可能範圍之內，與德育、群育密切配合。尤其是在語文教學方面，應以儒家的倫理思想爲輔助教材，而把孔子的「忠恕之道」；孟子的「仁義禮智」四端；《孟子·公孫丑上》顏淵的「無伐善，無施勞」；《論語·公冶長篇》以及曾子的孝道德行等，在課堂教學或公民訓練時，相機予以描述，務使儒家所闡揚的人倫常德，能在「五育」之中得到適當的發揮，讓它在道德教育方面，能夠使學生培養成健全理想的人格，以完成公民教育所應肩負的使命

（3）落實生活教育方面；

　　人倫常德，原本來自傳統的生活習俗之中，故其實踐的行動，仍須仰賴生活教育的力量。爲了充實學生的生活內容，增進學生適應社會的能力，所以學校在從事公民訓練時，必須注意人際關係的推廣；並且要在生活規範實踐中，把儒家所講的人倫常道，與「四維」「八德」充分調合之後，確實貫注於食、衣、住、行、育、樂等生活之中。因爲倫理道德的實踐，需從個人的日常生活做起，我們在日常生活中，大之能孝親、敬長、尊師、重道、合群、愛國、小之能栽培花木，愛護牲畜等，總以能懂得食、衣、住、行、育、樂的常規，始能合於禮義廉恥，整齊清潔的現代生活標準，這都是倫理道德的

實踐。儒家最重「禮教」,能把禮節融合於日常生活之中,作爲正身之用的要算荀子了。他說:「食飲、衣服、居處、動靜,由禮則合節,不由禮則觸陷生疾。容貌、態度、進退、趨行,由禮則雅,不由禮則夷固僻違,庸衆而野。」[1]他把飲食衣服,居處動靜,容貌恭謹,行爲端正等生活細節,都已納入禮的範圍,要以禮來作爲「正身」之節度。聖人制禮作樂,提出人倫教育的主張,目的就是要使人的良知良能,依其自主性的要求,圓滿地實現於各種生活的層面上,而使人世間各種形式的生活,都有可供遵循的社會規範。

所以各級學校在課程的安排方面,除了知識和技能的傳授外,還要運用公民活動的教育理念,來培養學生的國民道德,使他們能夠懂得修身、齊家、愛國的責任,做人處世的道理,待人接物的禮儀,從加強校園倫理來完成國民的道德教育。

第三節 親情倫理與社會倫理的調和

由於人際關係過分複雜,彼此難免發生利害衝突,「親情倫理」與「社會倫理」如何取得平衡的地位,則是一個很不容易解決的問題。因爲顧到主觀的親情,就不免要枉曲客觀的公平原則。反過來說也是一樣,伸張了社會的公

---

[1] 李滌生著《荀子集釋・修身篇》,頁 24,台灣學生書局,1978。「和節」:就是和順調適。「觸陷生疾」:即抵觸陷禍,發生毛病。「夷固僻違」:猶言倨傲僻邪。「庸衆而野」:猶言凡庸而粗野。

理，就很難顧到家庭的親情。經傳有謂：「忠臣必出於孝子之門」，不過有時因爲時勢所圍，大義所在，盡忠便不能盡孝，難得忠孝兩全。譬如鄭成功係以反淸復明爲職志，當他聽到父親鄭芝龍降淸的時候，他內心一定非常的痛苦而感到難堪。爲了伸張民族大義，所以他只好作了一個難得的莊嚴的決定，毅然決然地表示，從今以後父子恩斷義絕。這種以維護國脈民命爲重，斷絕父子天倫之情爲輕的超道德行爲，就叫做「大義滅親」。一般人看在眼裡，以爲他能做到先公而後私，是在爲國家民族盡大忠。但是就鄭成功個人而言，乃是遭逢了人倫大變，他內心的創痛和無奈，可想而知，但是又如何能彌補呢？這就是所謂的「忠孝不能兩全」，它是人生的大

遺憾，也是人心的大徹大悟。

　　鄭芝龍投靠外敵，犯的乃是通天大罪，在這忠孝不能兼顧之間形成的矛盾對立，對鄭成功當時的處境而言，造成了極大的困境，所以最後他只好做出痛苦的抉擇，和父親斷絕了人倫關係。就事論事，鄭成功的所做所爲，都是義理之當然，就人倫之道而言，他並沒有犯下什麼大錯，這是後人所應肯定讚揚的。

　　不過我們應該了解，像鄭成功所遭逢的變故，乃是一種非常「特殊」的事件。而在人間的生活裡，在人生的過程中，並不是每一件事都含有這麼重大的關節。「其父攘羊，而子證之」。《論語・子路篇》只不過是葉公假託正直之士以難孔子之言。孔子答曰：「父爲子隱，子爲父隱，直其中矣」。（同前）這種在人倫關係上所造成的矛盾與對立，如單就親情來看，父子「相隱」的說法，

並無不當之處；但是如就社會公道來講，那又另當別論，而有不同的看法了。惟有見理透徹，知識豐富的人，才會明瞭公私是非而慎於取捨。所以，當我們在「親情」與「法律」之間，在「私利」與「公益」之間，難作抉擇的時候，其解決之道，恐怕只有「問心無愧」，「但求心安」而已了。這就是良知對道德有抉擇的作用，由此可以孕生出極大的道德勇氣，而於個人身處困境時，能夠無憂無懼，「擇善固執」，毅然決然地表現出大公無私的「忠義」精神。

　　我國為重視倫理道德的民族，儒家倫理思想的著重面，似乎偏重於「親情倫理」，而「社會倫理」這一面的比重，便不足以和親情倫理取得平衡的地位。「親情」是先天倫理，固然有其優先性。但是當二者不能兼顧，甚或形成抵觸矛盾的時候，如何協調處理，那就要遵從孔子所說的：

　　　　君子之於天下也，無適也，無莫也，義之與比。[2]

君子對於天下的人與事，沒有厚薄之分，一切是以大義為重。我國之立國精神在於「忠孝」二字。當國家民族面臨生死存亡絕續之秋時，大義當前，以「忠孝」而論，須先盡忠而後盡孝，設若二者不能兼顧時，則只有去孝

---

[2] 《四書纂疏・論語・里仁篇》，頁185，台北學海出版社，1980。《皇疏》採范甯曰：「適、音敵」；「莫、音慕」。「適、莫」：「猶厚薄也。君子於人，無有偏頗厚薄，唯仁義是親也。」

而全忠。我們能爲國家盡全忠，爲民族盡大孝，則仰不愧於天，俯不怍於地，就可成爲孟子所說「威武不能屈」的大丈夫了。「倫理道德」，如就民族意識、文化意識而言，係以維護國家民族的歷史文化爲最高目標。中華民族所以能擁有一千二百餘萬平方公里之土地，以及全世界最多的人口，全國同胞終能團結一致，獨立不撓，而能雄踞東亞五千餘年之久，實不能不歸功於公而忘私，國而忘家的春秋大義所賜也。

第四節　儒學應有的新觀念

一、均平倫理的尊重：

春秋戰國之際，諸侯力爭，互相攻伐，周天子的王朝，已經到了禮崩樂壞的地步。心中充滿憂患意識的儒家學者，就在周文疲弊之後應運而生。察其用心，一方面是要 倡導倫理道德，重振綱紀，端正人心，希望能在殘破紛亂的社會狀態下，暫時維持一個和平安定的政局，讓人民有個休養生息的空間。二是想要循著倫常之教，化民成俗，改善社會，以創建一個充滿公理正義的道德世界。

對於儒家學術思想未能深入了解的少數學者，在滿清君主專制，腐敗無能，無意變法圖強的威權統治下，絕望之餘，於是反抗意識日增。「五四」新文化運動，就

在這種喪權辱國，民不聊生的時代背景下而發生。他們
為了打破舊傳統、舊禮教和舊思維，便誤以為孔子是封
建專制、貴族階級的維護者，於是心裡才會興起反對儒
家倫理思想，打倒「孔家店」的念頭。

　　其實儒家的倫理思想，認為人與人之間，所擁有的
權利和義務是相對的、平等的，而不是絕對的、超然的；
故其思想結構通乎人情，合乎義理，完全建立在權位平
衡，互相尊重的人道基礎上。所以孔子說：

　　　君使臣以禮，臣事君以忠。《論語・八佾篇》
孟子也說：

　　　愛人者，人恆愛之；敬人者，人恆敬之。

　　《孟子・離婁下》
先秦儒學並無「三綱」、「五常」之說，而且對於君權、
父權和夫權，則有「君敬臣忠」，「父慈子孝」，「夫和妻
順」的制衡之說。孟子「民貴君輕」的政治主張，更是
否定了君權的超越性，他很堅定地說：

　　　君之視臣如手足，則臣視君如腹心；……君之視臣如
　　　草芥，則臣視君如寇讎。＜離婁下＞
此論君臣相互待遇，必求平等；否則就會背道而馳，變
成對立敵視了。儒家倫理哲學，上通天道，下學人事，
落實到日常生活層面，以仁義興教化，達致人文化成，
以人倫正綱紀，維護社會秩序。孔孟對於倫理道德的闡
揚，立論既不偏激，又不冒進，完全合乎中道思想。可
以說是「置諸四海而皆準」，經世致用而不惑。聖賢見遠

識深，慮事周密，因而倡導仁義，以立人道之極，使人互愛互敬，能夠各守其分，各安其業，以完成安利天下的時代使命。這種人文化成，歷久彌新，顛仆不破的經典之論，豈是今之學人所能否定的。

二、威權倫理的改善：

人是生而自由平等的，每個人都是道德存在的主體，也都有著天賦的平等人格。設若人無自由的空間，則其生活缺乏樂趣，亦無活潑的生機，此即自由平等的精義。不過到了秦行專制統治之後，由於君權高張，原本合乎平等原則的人倫關係，遭到壓縮，以致「克己復禮」的禮教過分突出，只是片面的要求奉獻，忽略了人的內在情性需要，壓抑並摧殘了個人的自然生命。到了東漢的班固，為了討好君主權貴，竟然提出違反人權、違背人性的「三綱」之論，《白虎通義》使得在家族倫理中，原本的父慈子孝，兄友弟恭，夫妻相敬如賓的對等倫理，一轉而為「父為子綱」，「夫為妻綱」的片面而絕對的權威倫理。而原本「以義合」的君臣關係，也一變而為「君為臣綱」的上下隸屬之尊卑關係。於是倫理道德強被政治化，肆意以權勢為重，而不以情理得其平。以致對等倫理遭致嚴重扭曲，一變而為威權倫理，從此倫理的價值完全遭到破壞，中國社會便處處呈現著不平等的現象。

由於君主長期專政，特別強調權勢，其所形成的威

權倫理，不斷使之任意擴大，這種束縛壓制，刻薄寡恩的尊卑關係，在當時衍生了許多不合人道的缺憾。由於它是在專制統治下的產物，既是不合情理，又不符合時代潮流，自有加以廢止或改革的必要，於此特就其缺點說明於後：

（1）慈孝原是父子之間一種相對的倫理，它是人間有情的理想畫境，但落實在實際生活層面的，從各家學術內容看，人們要求子女盡孝的言論，就遠多於要求父母盡慈的意見，孝道的意涵便不斷地擴大。自「三綱」之說出現後，恣意要求子女對父母要絕對的順從，原本出於天性自然的父子親情，變成了嚴苛寡恩的尊卑關係；甚至還有「父令子死，子不敢不死」的史實。（晉獻公殺世子申生）這種不人道的暴行，故被今人譏之爲吃人的禮教。慈、孝出於自然感情，也是出自道德心。但是當孝道無限上綱之後，人們爲了盡孝，竟有不惜捨棄自己親生骨肉而全兄弟之孝的悲慘故事發生，[3]形成了不少矯情失當的悲劇下場。這類絕對盡孝的父子之倫，則是當前亟需加以改良的。

（2）悌道本爲兄弟共盡之倫，並非片面地對弟一方之要求。由於宗法社會，設有立長不立幼的惡劣制度，一族的權柄，完全操於長子之手，形成了長子獨尊的形勢，長子以下悉稱爲支孽之名，於是尊卑起而平等泯。悌道之精義，本在於和，但在中國的古代社會，宗法制

---

3 參見《世說新語・德行篇》，言鄧攸一家逃難時，在路上車子壞了，馬也被強盜搶走，若帶兩兒逃走，可能兩兒皆死，權宜之計，只好犧牲自己親生之子，以保全兄弟子嗣，成全兄弟之孝。

度刻意抬高了兄長之地位，而將一族之權柄悉付於宗子之手，份屬同輩的兄長竟被尊之如父。世人因受「長幼有序」說之影響，僅以悌道責弟，不復以悌道責兄，以致對等倫理失去其平。加上當時的一夫多妻制，難免會妻妾爭寵，機心相競，兄弟一倫亦因此每每不能健全發展。改善之道，就今天的社會而言，惟有將不法的一夫多妻制及納妾陋習完全禁絕，採取釜底抽薪之法，才能斷絕兄弟不睦之起因。

（**3**）五倫之中，雖以父子之倫為主軸，但「君子之道，造端乎夫婦。及其至也，察乎天地。」[4]可見夫婦一倫的確立，乃是家族倫理的基礎。夫婦既為人倫之造端，慎始善終，才能維繫家道的和諧與興旺。所以在家庭中，夫婦的地位本當平等，亦即有求於婦者，相對的也要同樣有求於夫。

夫婦之間的權利義務既係對等，就應齊心同志，以禮相待，才是相處之道。然而自漢代以降，「三綱」之說起，女子被教育要以夫為天，以卑弱、敬順為美德。甚至被要求要寡居守節，恪遵三從四德，造成婦女之地位極不平等。男人喪偶，可以續絃，婦人喪夫，則要強人守貞守節，未免不近人情，更不合乎人道。尤其此種無理要求，又只片面加諸婦女一方，這與「有諸己而後求諸人，無諸己而後非諸人」[5]的恕道思想最是違背，對於

4　《禮記・中庸》第十二章。「君子之道，愚夫愚婦可知，可行，所以說『造端乎夫婦』」。

5　《禮記・大學》第九章，「是說自己的行為都是對的，好的，然後才可以叫人家行事也應從好的方面做。自己沒有做什麼壞事，然後才可以叫人家也不要做壞事。這就是所謂『恕道』」。

這種歧視配偶的陳腐觀念，早就應該予以革除了。

（4） 在中國傳統社會，老師地位崇高，師道相當尊嚴；不僅在於老師學而不厭，誨人不倦，有著深厚的學養，崇高的人格，足為學生的表率。更在其能正風勵俗，引導社會走向平和雍穆之境。所以古人特別尊師重道，從學於師，必盡弟子之禮，從知識傳承上而言，老師確實有恩於世人，而有「一日為師，終生為父」的不忘本和報恩思想。

然而老師的地位之所以崇高，並非只是在於師道這個「名」，更在於老師確有其可尊之「實」，是故老師亦當尊道崇禮，以身立教。否則難為人所尊，甚至做出違背師道的舉動。譬如近來時有媒體報導老師不當管教，而有體罰學生的事件發生，以致遭到家長反對和指責。所以老師應有愛心，抱持著「愛」的教育，耐心地來從事教學工作。在管教方面要獎多於懲，做到「豫然後禁」[6] 的原則，才能收到預期的效果。

至於君臣一倫，由於民權思想已為世人所肯定，故其威權倫理，幾乎全被民主潮流所沖毀。而今「主權在民」，世界各國，屬行民主政治，國家與國民的權利義務，可以說是完全平等。即使仍有少許「君主立憲」的國家，不過其王室只是擁有虛位，政治大權，已完全轉移至國會之中，君臣關係早已為人所淡忘。

---

[6] 《禮記・學記》，即對於學生的不良行為，先預防然後才禁止。

三、推恩思想之闡揚：

儒家的倫理哲學以「仁」為中心，強調正統的「仁愛思想」。所謂仁愛思想，就是「汎愛眾，而親仁」[7]的推恩思想。孔子說：「仁者，愛人」。孟子說：「親親而仁民」。也就是要將親己之心推向外人，不但愛己，也要愛人。儒家將「仁」由「親親之仁」擴展到「愛人」，由「家族之愛」擴展到「人不獨親其親，不獨子其子；使老有所終，壯有所用，幼有所長，矜寡孤獨廢疾者，皆有所養」[8]的「天下之愛」。因此，無論在倫理意義或社會功能上，孔孟的推恩思想，都是在符應以仁為本的觀念。是以，推恩之愛不僅及於己身之外的他者，亦是及於天下之蒼生萬物矣。

仁者安於行仁，由親愛自己的親人，推及到仁愛人民。能夠做到「博施濟眾」，孔子極為讚揚。有道德的君子，心存推恩思想，愛護他人的心相同，儒家的愛雖有差等，但其最終卻能將愛推及到沒有血緣關係者的身上。這就是孟子所稱的：

仁者以其所愛，及其所不愛。＜盡心下＞

此即說明仁愛的對象是很廣的，在今天來說，也就是要將這種推恩思想繼續發揚光大，普遍推及到所有弱勢族群的身上，使其都能獲得長期的、適當的關愛和照顧。

《論語・學而篇》，「汎」：廣博普遍的意思。「仁」：指有仁德之人。
[8] 見《禮記・禮運・大同章》。

不過在當前的工業社會裡，做人都很現實，錦上添花的人多，雪中送炭的人少。所以我們必須邀約能夠樂善好施的慈善家、道德家，一起來推展愛心運動，以發揮濟貧救災的仁愛精神。政府更應推恩以行仁政，不但要抒解民困，為民興利，以建立安定繁榮的社會。並且要做好社會救濟工作，廣建博愛之家，以收養流浪街頭無家可歸的遊民，如此才算盡到了孟子所謂「推恩保民」的 責任。最後必須討論的是階級制度下所產生的奴隸問題，古時候奴隸被認為是下人、賤民，是富貴人家的財產，可以被人隨意買賣。此種惡例雖為現代法律所禁止，但是在今天的社會裡，雇人幫傭的情形仍很普遍，虐待傭人的事件也時有所聞，這些富貴人家的惡言惡狀，實有值得檢討的必要。奴僕也是有生存權的獨立個體，同為父母所生，亦應擁有天賦之人權與自由。他們或許由於財政上的關係，一時生計困難，不得已才來幫傭。「積善人家有餘慶」，好心有好報，為了子孫後世積德；所以雇主們應該發揮推恩思想，以愛心和同情心來善待他們才是回饋社會，關心弱勢族群之道。就是不能再雇用他們時，也應熱心幫助他們，介紹他們就業或轉業，為弱者盡到一份愛憐之心。

四、儒學當前的新使命

思想的演進與時代思潮是息息相關，處處相銜接，而不能脫軌的；否則，便會迷失方向，誤入歧途，甚至

跟不上時代。中國的傳統思想源遠流長，傳承有自，如
以儒家孔孟思想的道統來說，自堯、舜、禹、湯、文、
武、周公、孔子、子思、孟子等一脈相承的思想系統，
其間經過歷代之紹述，所闡發之內容，雖有獨到或互相
抵觸之處，仍然大同小異，經緯萬端，不離其宗，脈絡
分明，而令道統綿延不絕。時至清朝末葉，政府腐敗無
能，喪權辱國，滿籍大臣，爲了鞏固政權，竟然迷信異
教神力，極端反對中國文化。國人鑒於西洋的船堅砲利，
科學進步，對於傳統社會的文化結構及其價值體系，從
張之洞、李鴻章等的洋務運動，至康有爲、梁啓超等的
維新變法，已經逐漸遭到剝蝕而衰退。到了「五四」新
文化運動，主張全盤西化；中共信奉「馬克思」主義，
妄言立四新，破四舊；加上近年來「台獨」的強調本土
化，由於意識型態作祟；儒家的傳統文化，倫理道德，
幾乎已被摧殘殆盡。而今政局混亂，國家多難，面對著
這一時代的巨變，我們必須具有開擴的胸襟和眼光，不
論是中國的傳統思想，或者是西洋現代的科技知識；不
論是可取的或是不可取的，我們均應以儒家的君子態度
去適應它，所謂「隨時之義大矣哉！」即尊賢而容眾，
嘉善而矜不能。儒家的傳統文化，通觀並顧而「允執厥
中」，向來保持一貫的「中道」思想。《中庸》云：「君子
之『中庸』也，君子而『時中』」。[9]能夠隨時實現中庸之

9、楊祖漢《中庸義理疏解》，頁 119，台北鵝湖出版社，1997。「時
中」：隨時都能實現中庸之道。

道,「與時偕行」。[10]也就是說它能體常達變,措時中之宜,對於任何有價值的學術思想和外來文化,都能擇宜取捨,融會貫通,找出新的觀念,新的方法,作有機的統一與化合,使儒家的倫理思想能夠貫通古今,適合當前時代的需要。

(1)恢復儒學被扭曲的中道思想:

儒家的中道思想,源自於堯舜所開創的「執中法則」,而為聖王治國平天下的心法,堯傳舜時說:

> 天之歷數在爾躬,允執厥中,四海困窮,天祿永終。

《書經·大禹謨》舜傳禹時告以:

> 人心惟危,道心惟微,惟精惟一,允執厥中。(同前)

其中的「允執厥中」,就是指一切的動靜云為都能合情合理,不偏不倚,守常得正,便是個真知。禹受舜傳「執中」之寶,使其遇事均能分辨輕重本末,當奢處,無妨奢,當儉處,即必儉;可以省事時便省事,必須多勞力處就多勞力,所以世人找不出空隙來批評他。

《易經·離卦》六二象曰:

> 黃離元吉,得中道也。[11]

---

[10]、金景芳、呂紹綱《周易全解》,頁394,台北縣韜略出版有限公司,2003。「凡益之道,與時偕行」二句:合人事、自然兩方面言損上益下之道,唯在一個「時」字,時當益則益,時當損則損。在人事上,歲不歉不與,時無災不賑。總而言之,益之道「與時偕行」,講的是規律問題。

此卦言六二居中又得正，以中最重要，但言「中」、「正」也就包含在內了。《中庸》說：

> 從容中道，聖人也。〈哀公問政章〉

聖人能夠不勉而中，不思而得，故其行事從容而合道。《大戴禮記‧曾子事父母》有云：

> 父母之行若中道，則從；若不中道，則諫；

此言事父母之道，若其行事合乎道理則順從，若其行事不合道理就要勸諫。孔子最爲懂得「時中」之人，能夠進退無常，量時而爲，所以孟子讚美他說：

> 孔子之去齊，接淅而行。去魯曰：「遲遲吾行也。」去父母國之道也。可以速而速，可以久而久，可以處而處，可以仕而仕，孔子也。《孟子‧萬章下》

孔子的做人行事，能夠看時局，看環境，隨機應付，做到「通權達變」。如去齊時米已淘好來不及煮食就走。離開祖國（魯）時則依依不捨，可久則久，不做官則隱處，可以做官則仕。而能量時之宜，執中而重權。是故孟子譽爲「聖之時者也」。

孟子言「中」，同時也要用「權」。認爲執中無權，反而有害。他說：

> 執中爲近之，執中無權，猶執一也。《孟子‧盡心上》

謂執中和則近聖人之道，故其重權；執中而不知權，如執一介之人，不知因時而制宜，亦非處世之道。儒家的

---

11 、同註（10），頁305。

倫理思想，源遠而流長，博大而精深。不偏激，不消極，有守有爲，執中用權；既合天理，又近人情；可以歷久而彌新，置諸四海而皆準。譬如我們在心靜光明潔淨的時候，物欲不蔽，就可以達到「大公無私」、「萬物皆備於我」的境界。這樣心體靈明，本然自在的中道思想，堪爲破除意識型態之利器，匡正世道人心之寶典。值此政治紛擾，人心險惡之際，儒學的中道精神，更是需要我們來闡揚和推廣，才能達成「中天下而立，安四海之民」[12]的願望。

（2）推行社會倫理重整運動

人爲群居之社會動物，不能獨立寡居而生活，我們用以避風雨寒熱之苦，防猛獸毒蟲之害，而能晏然保存其生命者，無一非社會之賜。爲了報效社會恩澤於萬一，故應推廣公益，關心世務，不顧一己之利害，而爲社會人群造福。面對目前「經濟進步，道德沈淪」的社會現象，爲了挽救世道人心，重振社會倫理，我們就應全民一致來推行一種具有建設性的社會運動。

我國過去也曾推行過許多大型的社會改造運動，其

---

[12] 《四書纂疏・孟子・盡心上》，頁 529，台北學海出版社，1980。「中天下而立，則其道大行，而地無遠近之限；定四海之民，則無一夫不被其澤。而民無眾寡之分，是又得以遂吾之仁，故君子樂之、要之」。

間前後計有：

　　　　1、新生活運動

　　　　2、世界道德重整運動

　　　　3、社會風氣革新運動等

　　這些社會運動的績效，雖然差強人意，未能徹底實踐。不過，即使是五分鐘熱度，若大家肯努力奉行，也會收到相當的效果。這種社會倫理重整運動，應由政府有關單位來負責推行，並由民間社團協力配合，構成一堅強的領導體系，由上而下，依據執行方案，具體步驟，實施方法，大家全力以赴，化爲一種長期性的社會運動，才能使這種社會倫理思想，深入到每一個國民的日常生活之中。

（3）致力當前社會的文化建設：

　　台海兩岸的中國社會，在追求現代化的蛻變過程中，其所暴露出來的問題，基本上有一個相同的缺點，那就是人文的失調。究其原因則爲個體生命的物化，導至文化生命的偏枯，人們喪失了要成爲一個　文明人的自覺，因而所表現出來的思想和行爲，只是情的恣肆，欲的無饜。由於意念的偏執，使得有些人欠缺自省、自律的能力，而形成了自我意識的極度膨脹。有的在財富的追求、權力的角逐上顯得貪婪而自私，巧取豪奪，寡廉鮮恥，顧不了社會的倫理道德。有的則在事理的思辨、學術的探討上顯得偏激而頑固，心智局限於意識形態之

中，以成見爲真理，喪失了明辨真相的觀察力。他們面
對變動不居的時勢，不能適切的因應，以致遭遇到層出
不窮的社會問題，也無法周全地加以解決。

　　在一個人文失調的社會裡，要想追求現代化，必然
是本末倒置，優劣不分，未蒙其利而先受其害。因此我
們在追求現代化的過程中，如何積極從事人文建設以救
治人文失調的病態，提高社會成員的品質，以恢復儒家
正統文化的活力，則是從事當前文化建設的重點。儒家
的倫理思想，是台海兩岸共同的文化傳統；探索孔孟的
人文思想，闡揚傳統的儒學典籍，正是當前文化建設的
重要途徑。在孔孟那個時代，人文傳統的主要資源，就
是《詩》、《書》、《禮》、《樂》、《易》《春秋》這六部典籍。
其中《詩》在人文教養上的功能是「溫柔敦厚」；《書》
教是將道德意識與歷史意識加以會通；《禮》教是養生送
死的常規，也是治國安民的正道。《周易》開啓了易理與
天道之門，而有「絜靜精微」的功能；《樂經》雖已亡佚，
但後世儒者猶認爲它有「廣博易良」的功能；在《春秋
經》方面，孔子著重於時人的褒貶，以及時政的評論。[13]
以上這些珍貴的文化遺產，實爲成德之教的寶典，當前
社會文化建設的重要資源，具有普世的教育價值，的確
是值得我們珍視和採擷的。

---

[13] 參見 戴璉璋《孔子思想與當前中國社會的人文建設》,《國文天地》
9 卷 6 期，頁 30 －39，1993。

　　在社會不斷趨向現代化的今天，我們來談人文建設，當然不能罔顧時代的需要，一味地提倡讀經，以爲「六經」之教一恢復就可以解決一切問題。因爲今天的社會結構，已經不是當年儒家所面對的五倫的社會結構，而是一個複雜的現代社會結構，由於結構上的變遷，使得意義的形態也有了逐步地改變。我們必須使原有結構所產生的道德價值，在今天能有新的適應力，新的價值觀，更進而產生新的意義核心。如此才能使人展現出新的人生觀，在道德實踐中能夠突破情欲的限制，人際的限制，以及命運的限制，以維持理性與情欲的和諧與統一，而使全面文化能有均衡的發展。儒家人文思想的內容，是以倫理道德爲核心，它是台海兩岸同胞所共同擁有的傳統文化，能夠善用這些寶貴的資源，在當前我國社會的人文建設上，必能增添許多成功的要素，這是目前學術界必須凝聚共識，大家一致努力的正確方向。

參考書目

一、古籍原典：

書　　　　名　：　著　者　出　版　社　年　月
1、易　　經
2、書　　經
3、詩　　經
4、周　　禮
5、儀　　禮
6、禮　　記
7、左　　傳
8、公羊傳
9、穀梁傳
10、論　　語
11、孟　　子
12、大　　學
13、中　　庸
14、孝　　經

二、專　　書：（按姓氏筆劃順序排列）

1、禮記今注今譯（上下冊）王夢鷗　台北商務印書館

　　　　　　　　　　　　　　　　　　　　　1981

2、孟子義理疏解　　王邦雄　台北鵝湖出版社　　1985。

3、21世紀的儒道　　　　　王邦雄　台北立緒文化事業

　　　　　　　　　　　　　　　　　　　　　1999。

4、中國哲學史　　　　　　王邦雄　岑溢成　楊祖漢

　　高柏園　台北國立空中大學　　　　　　　2003。

5、中國禮俗史　　　王貴民　台北文津出版社　　1993。

6、孝經、論語集解　古注十三經　　　台南第一書店

　　　　　　　　　　　　　　　　　　　　　1980。

7、孟子趙注　　　　古注十三經　　　台南第一書店

　　　　　　　　　　　　　　　　　　　　　1980。

8、春秋穀梁傳　　　古注十三經　　　台南第一書店

　　　　　　　　　　　　　　　　　　　　　1980。

9、才性與玄理　　　牟宗三　　台灣學生書局　2002。

10、心體與性體（第一冊）牟宗三　　　台北正中書局

　　　　　　　　　　　　　　　　　　　　　1990。

11、中國哲學的特質　　牟宗三　　　台灣學生書局

　　　　　　　　　　　　　　　　　　　　　1998。

12、儒學價值的新探索　牟鐘鑒　齊魯書局（濟南）

　　　　　　　　　　　　　　　　　　　　　2001。

13、周易經傳象義闡釋　朱維煥　　　台灣學生書局

　　　　　　　　　　　　　　　　　　　　　2000。

14、狄百瑞的儒家研究　　朱榮貴　台北中研院中國文
　　哲研究所　　　　　　　　　　　　　　　1993。
15、中國思想（一）儒家 宇野精一（洪順隆譯）台北幼獅
　　文化事業　　　　　　　　　　　　　　　1989。
16、易學窺餘　　　　　　李周龍　台北文津出版社 1993。
17、荀子集釋　　　　　　李滌生　台灣學生書局　1981。
18、中國古代思想史（修訂本）李澤厚台北風雲時代出
　　　　　　　　　　　　　　　　　　　　　1991。
19、四書纂疏　　　　　　李　善　台北學海出版社 1980。
20、現代哲學論衡　　　沈清松　台北 黎明文化事
　　　　　　　　　　　　　　　　　　　　　1994。
21、春秋左傳白話新解沈繼先　台北文化圖書館公司
　　　　　　　　　　　　　　　　　　　　　1975。
22、孔子的教育思想　宋錫正　台北中華書局　1972。
23、中國思想傳統的現在詮釋　余英時　　南京江蘇人
　　民出版社　　　　　　　　　　　　　　　1995。
24、儒家哲學片論　　　吳　光 台北允晨文化實業有限
　　公司　　　　　　　　　　　　　　　　　1990。
25、明代的儒學教官　吳智和　台灣學生書局　1991。
26、詩經詮釋　　　　　屈萬里　台北聯經出版社 1986。
27、中國哲學思想史　武內雄　台北仰哲出版社 1982。
28、儒學革命論　　　林安梧　台灣學生書局　1998。
29、孔孟荀教育哲學思想比較分析研究　林永喜 台北

文景出版社　　　　　　　　　　　　　1984。

30、儒家孝道思想研究林安弘　台北文津出版社 1992。

31、儒家的理想國—《禮記》周　何　台北時報文化
事業　　　　　　　　　　　　　　　1981。

32、周易全解　　　　　金景芳　呂紹綱　北縣韜略出
版有限公司　　　　　　　　　　　　2003。

33、中國家訓智慧　　　　孟憲承　台北五南圖書出版
社　　　　　　　　　　　　　　　　1989。

34、學庸辨證　　　　　　胡志奎　台北聯經出版事業
1984。

35　、儀禮鄭注　　　　　胡注十三經台南第一書局
1980。

36、中國先賢哲學　　　　胡懷琛　台北正中書局印行
1958。

37、易傳道德的形上學　　范良光　台灣商務印書館
1990。

38、大戴禮記今注今譯　　高　明　台北商務印書館
1975。

39、文史哲的時代使命　　高明等教授台北文津出版社
1987。

40、中庸形上思想　　　　高柏園　台北東大圖書司
1990。

41、儒家思想的哲學詮釋　陳德和　台北洪葉文化業
2003。

42、臺灣教育哲學論　　　陳德和　　　台北文史哲出
　　版社　　　　　　　　　　　　　　　　2002。
43、生活世界的哲思　　　陳德和　　　台北樂學書局
　　　　　　　　　　　　　　　　　　　　2001。
44、大學中庸今釋　　　　陳　槃　　　台北國立編譯館
　　　　　　　　　　　　　　　　　　　　1966。
45、四書貫道　　　　　　陳立夫　　　中臺印刷廠 1966。
46、教育哲學　　　　　　陳迺臣　　　台北心理出版社
　　　　　　　　　　　　　　　　　　　　1992。
47、如何教公民與道德　　陳光輝　　　臺灣師範大學
　　　　　　　　　　　　　　　　　　　　1988。
48、中國思想史（上下冊）韋政通　　　台北水牛圖書
　　出版事業　　　　　　　　　　　　　　2001。
49、齊賢集　　　　　　　韋安仁　　　台北正中書局
　　　　　　　　　　　　　　　　　　　　1968。
50、論語新探　　　　　　姚秀彥　　　台北三民書 1989。
51、三民主義與現代倫理建設　姚　誠台北正中書局
　　　　　　　　　　　　　　　　　　　　1992。
52、儒家文獻研究　　　　黃懷信 李景明　　齊魯書局
　　（曲阜師大）　　　　　　　　　　　　2004。
53、先秦家思想三論　　　張德文　　　台北五南圖書出
　　版社　　　　　　　　　　　　　　　　1996。
54、易經孔傳釋義　　　　馮　斌　　　台北牧村圖

書有限公司　　　　　　　　　　　2002。

55、儒家哲學論集　　曾春海　　台北文津出
版社　　　　　　　　　　　　　1989。

56、曾文正公嘉言鈔　曾國藩　　台南大學
書局　　　　　　　　　　　　　1977。

57、古今圖書集成　　清蔣廷錫等　台北鼎文
書局　　　　　　　　　　　　　1985。

58、周代禮俗研究　　常金倉　　台北文津
出版社　　　　　　　　　　　　1993。

59、中國人生禮俗　　喬繼堂　　台南百觀出
版社　　　　　　　　　　　　　1993。

60、儒家與現代人生　傅佩榮　　台北業強出
版社　　　　　　　　　　　　　1991。

61、哲學與人生　　　傅統先　　台南信宏出社
　　　　　　　　　　　　　　　1986。

62、中國哲學之路　　項退結　　台北東大圖書
公司　　　　　　　　　　　　　1991。

63、荀子人生哲學　　彭萬榮　　台北揚智文化
事業　　　　　　　　　　　　　1994。

64、新編中國哲學史　勞思光　　台北三民書
局　　　　　　　　　　　　　　1987。

65、春秋三傳　　　　景印古本　台北啓明書局
　　　　　　　　　　　　　　　1960。

66、中庸義理疏解　　　　楊祖漢　　　　台北鵝湖出
　　版社　　　　　　　　　　　　　　　1997。
67、孟子譯注　　　　　　楊伯峻台北華正書局　1990。
68、哲學對當前教育的重要性 楊政河　　　台北慧炬出
　　版社　　　　　　　　　　　　　　　1988。
69、倫理學　　　　　　　鄔崑如　　　　台北五南圖
　　書出版公司　　　　　　　　　　　　1993。
70、先秦思想要論　　　　趙忠文　　　　遼寧教育出版
　　社　　　　　　　　　　　　　　　　1993。
71、朱子大學章句研究　　趙金章　　　　台北順先出
　　版公司　　　　　　　　　　　　　　1984。
72、5、孔子與現代社會（升等論文）趙天行 （作者自印）
　　　　　　　　　　　　　　　　　　　1997。
73、中國傳統價值觀念（詮釋學）劉　翔　台北桂冠書局
　　　　　　　　　　　　　　　　　　　1992。
74、世說新語　　　　　　劉義慶　　　　台南利大出
　　版社　　　　　　　　　　　　　　　1987。
75、新儒家新世紀　　　　蔡仁厚　　　　台灣學生局
　　　　　　　　　　　　　　　　　　　2005。
76、孔孟荀哲學　　　　　蔡仁厚　　　　台灣學生書局
　　　　　　　　　　　　　　　　　　　1988。
77、中國倫理學史　　　　蔡元培　　　　商務印書館
　　（北京）　　　　　　　　　　　　　2004。

78、儒學與人生《四書》解讀及教學設計 蔡宗陽等　台北三
　　民書局印行　　　　　　　　　　　　　　　1993。

79、荀子學說析論　　　　鮑國順　　台北華正書局
　　　　　　　　　　　　　　　　　　　1982。

80、孟子哲學　　　　　　薛保綸　　台北縣輔仁大
　　學出版社　　　　　　　　　　　　1985。

81、易傳之形成及其思想　戴璉璋　　台北文津出版
　　社　　　　　　　　　　　　　　　1997。

82、儒家形上學　　　　　羅　光　　台灣學生書局
　　　　　　　　　　　　　　　　　　1991。

83、先秦儒學論集　　　　蘇新鋈　　台北文津出
　　版社　　　　　　　　　　　　　　1992。

84、原抄顧亭林日知錄　　顧炎武　　台北文史哲出
　　版社　　　　　　　　　　　　　　1979。

三、期刊及學報：

1、《四書的智慧・孟子》（尚友古人）王開府　《國文天
　　地》第9卷5期　　　　　　　　　　　　1993。

2、《四書的智慧・孟木》（辨義利）　王開府　《國文天
　　地》第7卷1期　　　　　　　　　　　　1993。

3、《論語・論孝》「哲思鏡衡」　　王開府　《國文天
　　地》第9卷8期　　　　　　　　　　　　1994。

4、《論語‧論道德修養》「哲思鏡衡」王開府 《國文天地》第9卷9期 1994。

5、《國學保存會和清季國粹運動》 王東杰 四川大學學報 1999。

6、《國粹學報與古學復興》 王東杰 四川大學學報 2000。

7、《孟子論仁》（經典列車）刊》第41卷7期 朱榮智 《孔孟月 2003。

8、《孟子的教育理念》（經典列車） 朱榮智 《孔孟月刊》第42卷6期 2004。

9、《孟子論君臣》（經典列車） 朱榮智 《孔孟月刊》第42卷9期 2004。

10、《儒學的德性倫理學批判》 沈順福 《東岳論叢》第22卷9期 2001。

12、「談《禮記‧曲禮》中的人際處理」 林珍瑩 《國文天地》第15卷1期 1999。

13、《劉申叔先生易學綜要》 胡自逢 《第六屆近代中國學術研討會論文集》，中央大學國文學系所主編 2000。

14、《孟子‧義利之辨》與《論語》、《大學》、《中庸》，陳滿銘，孔孟月刊》第7、8、9期 2003。

15、試論劉師培的經學思想 陳克明 《中國文化》第六期 1997。

16、大學論文資料彙編　　　　　　高雄師範學院
　　復文圖書出版社　　　　　　　　　　　1981。
17、中庸論文資料彙編　　　　　　高雄師範學院
　　復文圖書出版社　　　　　　　　　　　1981。
18、文化基本教材教學研討會文集　高雄孔孟學會市
　　教育局　　　　　　　　　　　　　　　1993。
19、《試詮「忠恕」之道的義理規模》詹世友　　《孔
　　孟月刊》第 42 卷 6 期　　　　　　　　2004。
20、《孟子與「滕文公」》　　　　劉　偉　　《孔
　　孟月刊》第 42 卷 8 期　　　　　　　　2004。
21、論晚清國粹學派的經學思想（孔子研究）鄭師渠 北京
　　師大學報　　　　　　　　　　　　　　2992。
22、《孔子思想與當前中國社會的人文建設》戴璉璋
　　《國文天地》第 9 卷 6 期　　　　　　　1993。
23、晚清的儒學　龔書鐸　　北京師大學報　1992。

附錄：

中華文化復興論文競賽得獎作品

壹 家庭倫理與社會安定之關係

社會組第一名

一、前　　言

　　家庭是子女成長的搖籃，也是遊子心理上可避風浪的安全港。人自呱呱墜地以後，就無時無刻不受到父母的照顧和教養。儒家之所以要強調「家庭倫理」，重視人倫關係，乃是因為家庭的確是一個人在整個生命過程中，最根本、最重要的關係脈絡，人的一切造化，莫不自正家開始。《大學》云：「家齊而後國治。」[1]《易》云：「家道正而後天下定。」[2]古人也常說：「有了好的家庭，纔有健全的社會。」可見「家庭倫理」的闡揚，對於一個祥和社會的形成，的確有所幫助。

　　儒家提出「五倫」之說，是要從「孝、弟、敬」這三種人倫關念出發來施行社會的教化的。人倫關係是以

---

[1] 《大學・經一章》。
[2] 《易下經・家人》。

「五倫」爲基本脈絡,再推廣到社會上一切的人際關係。五倫是指父母之慈,子女之孝,兄姊之友,弟妹之恭,以及夫和妻順的「家族倫理」;再加上君敬臣忠,朋友互信的「社會倫理」,這就是人們所說的倫常之道。其中涉及家庭成員的就有三種。由於儒家特別重視這三種基本的人倫關係,因此將父子、兄弟之間,以及夫妻之間所產生的孝慈之心,恭敬之心,和恩愛之情,同時加以顯發之,擴充之,使之形成根深柢固的觀念和感情,以協助其他道德規範的建立。

另一方面,儒家又強調人際關係的和諧,想把一家的規模推之於天下,就其理想而言,則是要實現天下一家,希望整個社會成爲一個「老者安之朋友信之少者懷之」[3]的大家庭。並且要以「父慈、子孝、兄愛、弟敬、夫和、妻柔、姑慈、婦聽」[4]這些齊家的禮制,來形成一種社會道德的通則,以促進人類生活的和諧與安定。

二、家庭倫理爲道德實踐的始基

孝順父母恭敬兄長乃爲實現倫理道德的始基。儒家特別重視「孝」與「弟」,因爲它是先天而永恆的血緣關係。一個人若是對父母不孝,對兄弟姊妹不悌,我們怎

---

[3] 《論語・公冶長篇》。
[4] 《左傳・昭公二十六年》。

能期望他對國家盡忠，對朋友盡義，對世人盡愛呢？有子曰：「孝弟也者，其為仁之本與？」[5] 自古以來，我國都是以堯舜之大道，來做為人的根本道德，所謂堯舜之道沒有別的，就是指「孝悌」而言。

孔子說：「先王有至德要道，以順天下。」[6] 此之所謂「至德要道」，就是「孝道」。蓋就個人修養而言：孝是「至德」；若就為人處世治國平天下而言：孝就是「要道」。如果人人都能實踐孝道，一言一行都以榮顯父母「毋忝所生」為念，則社會必將日臻安定與進步。古語說：「百善孝為先」；可知「孝」為諸德之基，百善之本。

所謂「弟」，就是友愛兄弟。兄弟姊妹原是同胞手足，情同一體。我們一聽到「本是同根生，相煎何太急」[7] 這兩句詩，都會感到「於我心有戚戚焉」。可見手足之親，乃是天理自然的流露。兄弟姊妹相處，如果不能親愛和睦，也就無法過著幸福快樂的家庭生活。那麼，社會的公序良俗又怎能受到肯定和維持呢？因此，惟有一個能行「孝道」和「弟道」的家庭，纔能建立起三代同堂的模範家庭。這在復興中華文化的今天，也正是我們所要維護的大家庭制度。

在家庭倫理之中，還有「夫婦」一倫。夫婦雖不是天倫，但他們卻是家庭的中心，也是人倫之大始。《易》

---

[5] 《論語·學而篇》。
[6] 《孝經·開宗明義章》。
[7] 曹植「七步詩」，初見《世說新語·文學篇》。

云：「有天地，然後有萬物；有萬物，然後有男女；有男女，然後有夫婦；有夫婦，然後有父子。」[8]所謂「萬物造端乎夫婦」，意思就是說父子兄弟的關係，乃是由夫婦一倫而衍生。夫婦之道，重在和順相處，夫唱婦隨。因此《易經》又說：「夫妻反目，不能正室也。」[9]俗語說：「家和萬事興。」夫和而義，妻柔而正，不僅可以「宜室宜家」，而使家庭美滿幸福；並且還能化戾氣為祥和，而使整個社會呈現清平康樂的氣象。　可見夫婦相處之道，也有促進社會和諧的功能。

三、家庭和睦為社會安定的基礎

　　健康和諧的社會，必然奠基於幸福美滿的家庭。如就中國的社會組織而言，無論時代怎麼變遷，文化怎麼創新，人們最基本的生活單位，還是家庭。而人生的一切行事，又實以愛親敬兄為始基，為優先。「孩提之童，無不知愛其親者，及其長也，無不知敬其兄也。」[10]可知孝親悌長，乃是天性中事，而為行「仁」的根本。做人能夠先務其本，則一切行善成德之道，皆可由此而生，是即所謂「本立而道生」。人能愛親敬長，就可齊家治國，行仁道於天下。所以《大學》說：「一家仁，一國興仁；

---

[8]　《易經・序卦傳下篇》。

[9]　《易上經・小畜》。

[10]　《孟子・盡心上》。

一家讓，一國興讓。」[11]孟子也說：「親親而仁民，仁民而愛物。」[12]這裡所說的「仁道」，正是由「孝道」和「弟道」來發揚光大的。這「孝弟」之道，如果廣而言之，可以說就是「仁民愛物」。它是人倫關係的重心，引導我們進入祥和社會的催化劑。

人人若能由尊己之親，敬己之長，向外去擴充推廣，而使社會大眾受到感化，能夠篤行「孝弟」，進而可以博愛廣敬，趨向仁道，以提昇自己的道德價值，使自己的人格日益高尚。人與人的相處，有了好的道德修養，就能「寬以待人」，禮節周到，民間的風俗也就自然跟著淳厚起來。這就是我們社會能夠如此安定，民生能夠如此康樂的重要原因了。

「個人造成社會，社會造成個人。」[13]人自一出生，即開始接受著家庭與社會各種直接或間接的助力，而每一種助力也都是父母的恩惠，社會的愛心。因此，我們對社會理所當然的也有一份懷德感恩的心情，也就是說我們生活在社會之中，對他人都負有一份關愛的責任。為了要善盡這一切責任，我們就應該把目前的社會，建設成為一個「老者安之，朋友信之，少者懷之」[14]的大同世界。這份人生所應盡的普遍責任，如果把它落實在

---

[11] 《大學・釋齊家治國》第九章。
[12] 同註（10）。
[13] 胡適《社會的不朽》。
[14] 同註（3）。

人類的道德實踐上，那就是所謂的「成己成人」；同時亦是我們依理而盡分的道德責任。人人能夠履行這種道德責任，自然也就可以移風易俗，而使世道昌明，社會趨向安定了。

必須人人恪守本分，社會才有秩序可言。荀子對於這點也闡揚甚詳，他說：「人之生不能無群，群而無分則爭，爭則亂，亂則窮矣。故無分者，人之大害也。……職業無分，如是，則人有樹事之患，而有爭功之禍矣。……故知（智）者為之分。」[15]荀子所謂的「分」，就是要制禮明分，使人各安生理。人類為了經營共同生活，就必須正人倫，定職分，規定享用生活物資的標準。否則就會引起紛爭，使社會不得安寧。有遠見的聖賢，為了防患未然，所以要制定各種禮法來正名定分。於是而衍生出社會一切的生活規範。由此可知，敦人倫，守本分，乃是導致社會安定的中堅力量。

墨子以為現實的社會，多是自私自利的，多是不相愛的，因而常常發生混亂。他認為部屬之不敬長官，長上之不恤屬下，父之不慈子，兄之不慈弟，都是虧人自利的表現。要想根絕這一切混亂，祇有以「兼相愛，交相利」的理想社會，來代替相惡相賊的現實社會。

墨子雖未直接闡揚「孝」和「慈」這些人倫的常德，可是他卻把「君臣父子皆能慈」，視為天下「兼相愛」的

---

[15] 《荀子・富國篇》第十。

基本修為。所以他說：「若使天下兼相愛，愛人若愛其身，猶有不孝者乎？視父兄與君若其身，惡（何）施不孝，猶有不慈乎？」[16]可見墨家的兼愛思想，仍然脫不了「五倫」的範疇。

四、推廣倫理的家庭教育

倫理道德是中國文化的基本精神，而以「仁」為中心觀念。仁者人也，它就是做人的道理。如就家庭倫理的關係而言，則「孝順、友弟、慈愛」三者，都是表現於人性的合理行為，也可以說是家庭的三達德。所以明人羅近溪說：「家家戶戶皆靠孝、弟、慈過日子也。」試想想，人類如果不孝、不悌、不慈，我們還能過人的生活嗎？ 還能保住道德文化的價值嗎？ 必須有了好的道德，國家社會纔能得到安定，人類纔能共生共存，這實在太重要了。是故中國文化以明人倫為教育之先務，以正人倫為治平的先務。

我國早在堯舜時代，就已經注意到倫理的家庭教育。孔子說：「夫孝，德之本也，教之所由生也。」[17]孟子說：「學則三代共之，皆所以明人倫也。」[18]可見家庭倫理教育，乃是道德教育的根本，社會的一切教化，都

---

[16] 《墨子·兼愛上》。
[17] 《孝經·開宗明義章》。
[18] 《孟子·滕文公上》。

是由此發生出來的。孔子還特別重視道德發展的優先順序，他說：「弟子入則孝，出則弟，謹而信，泛愛眾，而親仁，行有餘力，則以學文。」[19]可知人倫教育，乃是立身行道的基礎教育，也是推廣社會教育，培養國民道德的起步工作。

　　儒家所設計的人倫教育，是以家庭倫理為核心。它是重建倫理道德，匡正社會風氣的要道。孔子心目中所寄望的「人不獨親其親，不獨子其子。」[20] 以及孟子所強調的「老吾老，以及人之老；幼吾幼，以及人之幼。」[21] 其理想就是要改良現實的社會，使之成為老安少懷，朋友互信的大同社會。這個理想的社會制度，是要從弘揚家庭倫理做起，而把人倫關係從「親情倫理」推展到「社會倫理」，使人人都能得到社會的保養和照顧，大家能夠各安生理，各得其所。苟能如此，一個民生安樂的理想社會，自然就能順利地建設起來。

　　近年以來，由於家庭組織方式不斷變遷，許多優良的倫理道德，已經逐漸消失之中，這是一件值得我們反省和檢討的事實。因此，要想建立理想的現代幸福家庭，就必須先從教育方面著手；惟有推行以「孝友」為中心的倫理家庭教育，纔能收到事半功倍之效。至於如何來推廣倫理的家庭教育呢？那就是要以「五倫」的教育內

---

[19] 同註（5）。
[20] 《禮記・禮運大同章》。
[21] 《孟子・梁惠王上》。

容爲基礎，來教導子女做人處世的大道理。如此纔能使父子之間建立起親愛的感情，兄弟姊妹能夠互相友愛，夫婦之間能夠和順相處。然後再推廣到社會一切的人際關係，使人人都能懂得禮儀規範，以做好安定社會的基層工作。茲將其具體的做法分述於後：

（一）建立以「孝、弟、慈」爲中心的理想家庭：

這是現代幸福家庭必須具備的條件，慈分三點來加以說明：（1）就上對父母而言，應切實養成子女「孝順」之德；使他們懂得順親之心，以達成父母的心願。如果父母有過錯，子女就應委婉地規勸，以免父母陷於不義。（2）就中對兄弟姊妹而言，要使大家相親相愛，互助合作，彼此能夠表現「友弟」之德，懂得手足之情，以便做到兄友弟恭。（3）就下對子女而言，父母要有「慈愛」之德。不但要養育子女，使他們長大成人；而且還要教育子女，使他們知書達理，人格健全能夠懂得自重自愛，成爲一個堂堂正正的好國民。

（二）維護三代家庭制度的優良傳統：

中國家庭有一項重大的特徵，便是對老年人的孝順和奉養。昏定晨省，順承親意，爲做人子女的應盡之責任。這種孝養之道，乃是理所當然的事。在小家庭制度

成爲普遍組織方式的今天，爲了父母有人奉養，家務有
人助理，以及小孩有人照顧，因此我們以爲現在的家庭
制度，應以組織折衷家庭爲宜。因爲折衷的家庭制度，
兼具有大家庭與小家庭兩方面的優點，不僅可使老年人
能夠享受含飴弄孫，三代同堂的天倫之樂，而且還可以
使子女得到長輩的保養和愛護，擁有溫暖的家庭生活。
這是造成家庭幸福，社會安定的重要因素之一。

（三）發揮家庭倫理的社教功能：

　　人乃社會動物，而爲社會之本體。對於這個己身所
從屬的社會，我們負有正己而後安人的責任。因此，如
何發展以家庭倫理爲中心的社會教育，來重振我國固有
的倫理道德，而使人性明善復初，使風俗由漓轉厚，實
爲復興中華文化當前之要務。我國傳統的家訓，雖然祇
是一些民間的禮俗和格言，但它卻在社會教育中佔有極
其重要的一環。因爲這些人倫關係的調適，正足以發揮
多方面的社教功能，茲就其要點略述於後：

（1）培養倫理道德的功能：

　　我國文化以「倫理」與「道德」並稱於世，早在堯
舜時代，即已重視人倫的道德教育。儒家的思想極有層
次，以爲立愛應自親始，故以「父子有親」列爲道德教

育之首，特別重視人倫的教化。「大學」之道，即在教人「明德，親民，止於至善。」[22] 也就是教人要明道濟世，把心地安頓在至善的境界為止。做人父母的，應修明人生最好的德性，去感化子女和世人，使他們都能改除舊習，能夠自新起來。還要教導子女在社會上做人處世的道理，把人倫關係調理得很完善。人能修身明德，孝親敬長，立身社會，就能以仁為存心，以愛為起點，而使社會的人際關係得到調和。社會上大多數人的關係能夠相調和，乃是促進社會和諧最重要的原因。

（2）熟悉待人接物的功能：

「禮節為治事之本」。我們待人接物不可不知禮。荀子說：「禮所以敬身也。」自古人倫教化，莫不約之以禮。是故守禮不踰，則尊卑長幼，各安其序；人我事物，各得其宜。我們做人做事，一言一行，必須中規中矩，纔算是有禮，否則就是失禮。所以說，父母在日常生活之中，就應教導子女，隨時注重禮節，使他們在待人接物時，能夠做到進退有序，應對有節。人人和平有禮，彼此纔能互助合作；大家都能合作無間，社會自然就相安無事了。

---

[22] 《大學・經一章》。

（3）教導立身處世的功能：

　　我們要想立身行道，建立良好的社會關係，就必須先修其身，從「格物、致知、誠意、正心」做起。因此做人父母的，應教導子女開始學習為他人所接納的行為，角色與態度。同時還要注意家庭生活品質的改善，使他們耳所聞者，皆為忠信之言；目所視者，皆為仁義之行；口所誦者，皆為道德文章。如能積年累月，長久施行而不輟，必能修身齊家，敦親睦族。將來出身社會，就能以誠信待人，努力為人群服務，實現「己欲立而立人，己欲達而達人」[23]的美德。那麼，做起事來，便能左右逢源，無往不利了。

（4）調和群己關係的功能：

　　群己關係就是「個體」與「群體」的關係。也就是要把家庭的「親情倫理」與「社會倫理」，經過融通協調後，使之成為社會大眾共同遵守的公共道德。而適當合理的群己關係，在今天來說，是離不開公德與公義的；公德與公義源自公心。公德的出發點是不自私，凡事能「推己及人」，為別人設身處地著想；或者把別人的事當成自己的事來辦，這就合乎孔子所謂的「忠恕」之道了。

---

[23] 《論語・雍也篇》。

公義是指社會正義而言，就是要我們思考，當個人利益與團體利益有衝突時，應該如何作取捨？如果每個人的自私心太重，凡事都由自己的立場去判斷是非，處理事情，難免失之公正，而使社會陷於困境。因此，父母應注意培養子女的公德心，使他們內心充滿正義感，能夠以純潔的理想與無私的胸襟，坦然地去分辨是非善惡。將來立身社會時，纔能急公好義，纔有「犧牲小我，完成大我」的忠義精神，來維護社會的公道，為人群造福，伸張正義。

（5）表揚忠孝節義的功能：

自古以來，我國的社會即以忠孝節義為道德衡量的標準，來分辨個人行為的善惡，以維持安定和諧的生活。凡人之不忠，做事必然有虧職守；不孝，事親必然不敬；不節，行為必無操守可言，不義，待人一定刻薄寡恩。我們要想化民成俗，提昇國人的道德價值觀念，就應多辦一些表揚忠孝節義的社會活動。

首先就「忠」而言：所謂忠，含有忠誠、忠勇、忠義、忠信之意。朱熹說：「盡己之謂忠」，我們做人做事，為國為民，必須盡心盡力，不避艱險；而且還要內外無二，言行一致。如此纔能盡性情，完職責。以之事國，則忠於國；以之從政，則忠於民；以之對人，則忠於友；以之對事，則忠於職。故「忠」之一字，實為獻身社會

之首要條件。

其次談到「孝」：孝為我國傳統的美德。為人子女者，應念及父母劬勞養育之恩，而思有以報之，以盡其應盡的責任。孝是道德的基礎，做人的起點。如果人人都能實踐孝道，不僅可以齊家，建立一個充滿親情的幸福家庭；而且還可協助道德教育的推行，以融和社會冷漠的人際關係。

第三就是「節」：所謂節就是氣節，包括了人的志氣和品節。父母在平時就應培養子女守節不阿，敦品自勵的節操。將來立身處世時纔能有所為，有所不為。人能辨義利，明取捨，有擔當，肯負責；不為威勢所屈，不為利祿所誘。就能「臨財毋苟得，臨難毋苟免。」[24]而使自己的操守清高，臨大節而不可奪。

最後談到義：韓文公說：「行而宜之謂義。」先總統蔣公說：「義者，宜也；宜即人之正當行為。」又說：「眼前祇見一義，不見生死。」可知義就是合宜，就是犧牲。古人以為捨己救人謂之義；孟子亦有強調「舍身取義」之說，這些都是行義的最高準則。人能基於大義，以仁待人，以義正己，勿為所不當為之事；即不流於邪惡，誤入歧途；亦不致妨害他人，造成社會不安。

綜上所言，人能始於事親，善盡孝道，就能移孝作忠，為國盡忠，為民族盡大孝。立身行道，有守有為，

---

[24]　《禮記・曲禮上》。

志節就能堅定不移。言行舉止，完全正正當當，做事自然合乎義理。人而如此，便能正己安人，稱之為有道德的君子。社會之所以要強調倫理道德，表揚忠孝節義，其用意即在此。

五、結　論

　　培養家庭倫理觀念，推廣道德教育，乃是復興中華文化，促成社會安定的不二法門。我們必須敦親睦鄰做起，進而再由宗族擴大到國族；使每個人都能愛父母，愛同胞，愛國家，以重振我國固有的倫理道德，而使民族文化與民族精神，都能落實於國民的日常生活之中。苟能如此，社會必然充滿祥和之氣，展現出一個富有愛心的溫暖人間。

　　「國之本在家，家之本在身。」[25]安定社會治平天下必須先從個人的修身、齊家做起。未聞「枉己而能正人」者，身教重於言教，其道理即在此。「一室之不治，何以天下國家為？」[26]政府為了做好社教工作，所以特別重視家庭教育，為家長提供有關青少年人格發展，以及培養子女公德心的知識。希望父母能從倫理的家庭教育著手，教養子女在現實的人倫關係中，如何來實現道

---

[25]　《孟子・離婁上》。
[26]　清劉蓉《習慣說》。

德的自我完善；使他們平日的生活行爲，都能懂得自我約束，以免傷害到整個社會的安定與和諧。

　　總之，弘揚家庭倫理，改善社會風氣，乃是社會教育的主要任務；也是培養國民道德的中心工作。儒家的道德教育，是要先從修好「家庭倫理」開始，而把他們所提出的五種人倫關係，由家庭逐步推展開來，希望能由此而實現理想的大同社會。如果人人能把父子相親，兄弟相敬，以及夫妻相愛的事情，都統統做好。進而便可推展到其他的「社會倫理」，如國家與國民之間，享權利與盡義務的事情，朋友之間講信用的事情，自然也都跟著做好了。所以，我們必須記取聖賢的遺訓，徹底來實現倫理道德；如此纔能「克己復禮」，提昇個人人格，使世道人心回歸正途。

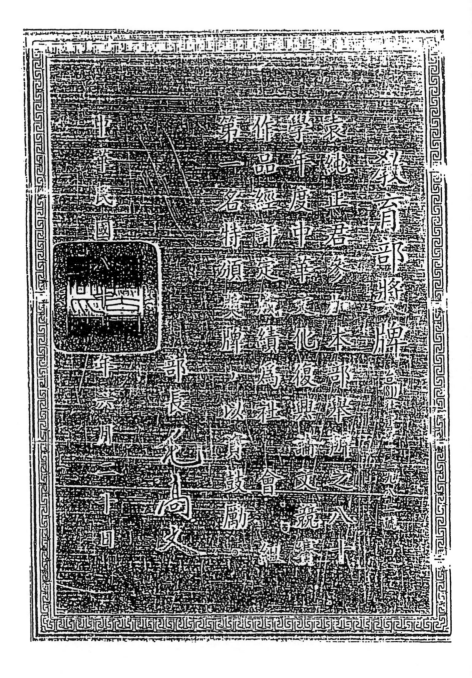

貳　論如何培養敬老慈幼精神

社會組第二名

一、前　　言

人類能夠生存發展，和平相處，實肇因於人之有愛心，而此愛心之泉源，則是從居生活中培養出來的。儒家的仁愛思想，就是要把這種孝敬父母，慈愛子女的愛心，由家族發展開來，然後擴大而至全民族，全人類。惟以大孝大慈，必須出於至情至愛，出之於大公無私，才能培養起我們開闊的胸襟，博愛的慈懷，由此孕育而成「敬老慈幼」的博愛精神。苟能如此，大家便會因孝親而敬人之老，因愛子而慈人之幼，行仁義於天下，使人間充滿了溫情和愛心，逐步形成一個祥和安樂的社會。

孟子把人與人的倫理關係分爲五類，每類都有彼此相親相愛的道理，稱之爲「五倫」。其中的「父子有親」，就是父母要慈愛，子女要孝順，這是人類自然的本性，所以稱之爲「天倫」。父慈子孝，乃是先聖先賢所講的人倫常道，《禮記・禮運篇》所列的十義：「父慈、子孝、兄良、弟悌、夫義、婦德、長惠、幼順、君仁、臣忠。」《左傳》隱公三年所舉的六順：「君義、臣行、父慈、子孝、兄愛、弟敬。」以及晏子與齊景公對話時所說的人倫大禮：「父慈、子孝、兄愛、弟敬、夫和、妻柔、姑慈、

婦聽。」三者之中，都有「父慈、子孝」的說法，其為實踐人倫常德的始基，於此可以想見。我們必須要把這些人與人相處的好德行，確實地做到，然後推而廣之，使全國同胞都能各盡人倫之道 ， 大家在道德的實踐方面，都能「止於至善」的境界，便可為社會建立起良好的生活規範。

「敬老慈幼」，乃是敦親睦鄰的起步工作，也是建立祥和社會的重要法則。源遠流長的中華文化，原本具有「民胞物與」的博愛精神，它已深深地蘊涵於「汎愛眾而親仁」[1]的儒家思想之中；「老吾老以及人之老，幼吾幼以及人之幼。」[2]正是這種仁愛思想的具體表現。父子相親，天倫之愛，人之善性所使然。因此，做人子女的，必須盡心孝順父母，奉養父母，使之樂享天年。為人父母的，亦須愛護子女，教育子女，使之長大成立。並且要把這份「敬、愛」之心發揚光大，推廣而至社會大眾，希望全國同胞，都能興起敬老慈幼之愛心。那麼，忤逆不孝，虐待子女，老弱無依的社會病態，也就不至於再發生了。

二、強化家庭教育

---

[1] 《論語・學而篇》。
[2] 《孟子・梁惠王上》。

　　家庭爲孕育子女的溫床，故爲孩子的第一所學校。
《易傳》有云：「善教先從家始。」子女於幼小時，都不
能分辨是非善惡，主要是靠父母的指引和開導，教其善
則善，教其惡則惡。「育善在家」，如欲培養子女好的道
德和品行，便要依靠家庭環境的薰陶，仰賴父母的關愛
和教導。家庭倫理教育，乃是道德教育的根本；古代父
母對於子女的育善，就是利用人倫關係中的親情倫理，
來設計一套以「孝、弟、慈」爲內容的家教方式，希望
子女能在居家的日常生活當中，耳濡目染，逐漸培養起
孝親敬長，友弟慈幼，謙恭守禮等人倫常德，使他們的
思想和行爲，都能符合倫理道德的標準。

　　家庭倫理教育，乃是社會道德教育的基礎，「一家
仁，一國興仁；一家讓，一國興讓。」[3]社會國家的一切
教化都是由人倫教育發展出來的孟子說：「孩提之童，無
不知愛其親者，及其長也，無不知敬其兄也。」[4]人之愛
親敬長，乃是天性中事，因此，父母對於子女的教育，
應該先從家庭教育開始，而且是年齡愈小愈好。等到這
些家族中的人倫常德都能圓滿實行以後，才能進一步來
施行各種社會教化，以培養他們「親親而仁民，仁民愛
而愛物。」[5]的仁愛思想。同時還要以「社會倫理」來教
導他們，使他們懂得「個體」與「群

---

[3] 《大學‧齊家治國》。
[4] 《孟子‧盡心上》。
[5] 註同（4）。

體」的社會關係，了解人與人如何相處的大道理。

父母對於子女必須常存關懷之心，表現慈愛之情，盡心地去愛護他們，好好地去教育他們。有慈必有愛，有愛始能鞏固親情，才能由此培養出既重感情，又重理智的子女。兒童從小如果缺乏父愛或母愛，性格往往會變得很孤僻，缺乏自尊和自信；更甚者對人冷漠無情對事毫不關心，自然也不懂得如何去尊敬別人，愛護別人，這是很不幸的憾事。子女需要 父母的愛護，在幼小的心靈上才有溫暖和依靠，才能喚起孩子們的博愛心。強調愛的教育固然是對的，但切記不可流於溺愛，愛子不忘嚴教，乃是歷代教育家所強調的教子方法；「父母威嚴而有慈。」[6]才能培養出人格健全，品學兼優的好子女。將來出身社會才能立身行道，才有文雅的氣質，高貴的風範。為人父母者，如果祇是養而不教，也不足以善盡「慈愛」之義的。

「教養子女是父母對子女的義務，也是他們對國家社會的責任。」[7]縱使父母環境不好，也不可因此一時志短，自暴自棄，而不重視子女的教育，甚至看到子女誤入歧途，也不關心和阻止，以至於為社會帶來許多問題和不安。須知「家貧出孝子，國亂顯忠臣」[8]的古訓。父母如能勤勞節儉，含辛茹苦，以慈愛之心

---

[6] 《顏氏家訓‧教子》第二。
[7] 《民生主義育樂兩篇補述》。
[8] 語見《集韻增廣》。

來關懷子女，認真地教育子女，等到他們長大成人，一定會感激父母鞠勞之德，養育之恩，在社會上好好做人，努力做事，成爲國家棟梁之才。

三、注重禮義教化

禮義教化，足以端正人心，移風易俗。孔子之所以作《春秋》訂禮樂，其目的即在「經國家，定社稷，序人民，利後嗣。」[9]想用「禮」來教化世人，使人民懂得如何以「禮」來約束自己的行爲，才不致互相輕慢，臨事粗略失察，卒釀敗德之行。「禮者，所以正身也。」[10]倫常成於「禮教」，孟子說：「無禮義則上下亂。」[11]人不明禮守禮，如何能夠立身處世，與人和睦相處。「禮者，敬而已矣。」[12] 是故明禮守禮，皆須從「敬」字做起；禮爲敬之文，敬爲禮之實，二者原是渾然一體的。因此，我們善事父母，不祇是盡到口體之養就好，同時還要做到一個「敬」字，才算是「事之以禮。」所以，我們平常對父母要有敬愛之心，而使父母心情愉悅；縱使父母有不對的地方，做兒女的也祇能婉言勸止，父母若不接受，仍然要「又敬不

9 《左傳・隱公十一年》：「莊公戒飭守臣」。
10 《荀子・玫士篇》。
11 《孟子・盡心下》。
12 《孝經・廣要道章》第十二。

違，勞而不怨。」[13]才算是克盡孝順之道。孔子以爲教人守禮和順從，沒有比敬事長上的

人倫之教更好的了。「以敬事長則順。」[14]周文王能夠敬老尊賢，善養老人，太公和伯夷受了感動，便去歸順他。後來天下的父老子弟也都受到了感動，大家便不約而同地去歸順他了。誠如子夏所說：「君子敬而不失，與人恭而有禮，四海之內，皆兄弟也。」[15]所以，我們要把這份孝親敬長之心，融入社會教育之中，使其推廣發揚，形成一種善良風氣，讓全國同胞都能懂得父慈子孝，兄友弟恭的道理，如此才能在日常生活的細節之中，培養起敬老慈幼的美德。

「禮節爲治事之本。」[16]我們無論做什麼事，都要和社會人群發生關係，所以對人必須和藹有禮，彼此才能互助合作，以誠相待。在人類社會生活之中，禮節不僅是行爲的規範，也是思想言論的是非標準。孔子在答魯哀公問「大禮」時曾說：「非禮無以辨君臣上下長幼之位也；非禮無以別男女父子兄弟之親，婚姻疏數之交也。」[17]因此，歷代治國家的知識分子，把禮節都看得十分重要，所以常常拿他們所認同的禮

---

[13] 《論語・里仁篇》。
[14] 《孝經・士章》第五。
[15] 《論語・顏淵篇》。
[16] 《青年守則》第六條。
[17] 《禮記・哀公問世》第二十七。

法來教導人民，使大家不至於把彼此的人倫關係弄亂了。曾子對於日常生活的禮節更是講究，他說：「飲食以齒，力事不讓，辱事不齒，執觴觚杯豆而不醉，和歌而不哀……。」[18]而把日常生活中的吃飯、喝酒、工作、娛樂等，也都納入了禮的範圍之內。

《周禮・地官大司徒》所載：「以鄉三物教萬民而賓興之。」其中有所的「嘉禮」，目的是在親和萬民，而為當時人與人之間所遵循的禮儀規範，其條目計有六頁項：

（1）飲食－以親宗族兄弟。
（2）婚冠－以親成年男女。
（3）賓射－以親故舊朋友。
（4）饗燕－以親四方賓客。
（5）脤膰－以親兄弟之國。
（6）賀慶－以親異性之國。

由此可見，禮的範圍至為廣大，上自人君治國之道，下至個人立身處世之則，乃至飲食起居的細節莫不為禮所涵攝。「不知禮，無以立也。」[19]禮教是何等的重要，由此可見一斑。今後教育當局理應積極推動以「禮教」為中心的道德教育，加強禮儀法則的宣導，藉以改善社會暴戾之氣，希望人人都能習禮成為風氣，謹守不渝，則尊卑長幼，各安其序；人我事物，各得其宜；大家和

18　《大戴禮記・曾子事父母》五十三。
19　《論語・堯曰篇》。

平有禮，社會自然也就祥和無爭了。

四、加強國民道德教育

倫理道德的實踐，除了父母的家教之外，更需仰賴學校教育和社會的密切配合，始能發揮廣泛的教育功能。仁是道德之根，價值之源。公民活動中的每一個公訓德目，都是由人內心之「仁」，對應於「人、事、物」而顯現出來的好德行。「智、仁、勇」[20]三達德，「忠、孝、仁、愛、信、義、和、平」八德，都是由「仁」而推衍發展出來的。學校必須把這些倫理道德融合於科際教學之中，才能使青年學生，從各種學習活動中培養起好的道德觀念。儒家的「人本」思想，強調人性本善，而使一切倫理道德的規範，由此奠定了穩固的基礎，這些道德教條，正是要幫助青年學生來培養健全理想的人格。因道德教育，不僅可以重振校園倫理，提昇教學效果；而且還可以使社會得到共識，形成和諧的人際關係，如此才能提高國民的生活品質，藉以培養起敬老慈幼的仁愛精神。

道德教育的對象是整體的，包括了所有社會大眾；涉及的範圍是全面的，貫穿了人類整個的生活層面。「智仁勇」三達德，「禮義廉恥」四維，以及「忠孝仁愛信義

---

[20] 《中庸‧哀公問政章》。

和平」八德；都是做為一個現代國民必須具備的道德修養。因此道德教育的目標，即在使國民學得此時此地的道德規範，希望藉著這些規範能使他們與生俱有的善良本性，得到圓滿的實現。但是如何依循人的自然情感，掌握人的內在要求，以配合外在既成的規範，而使個人的優良行為，能夠落實地表現到日常生活之中，則是一件相當複雜的事。所以，我們一定要把儒家所講的仁義道德，與近代教育家所強調的「行為科學」充分調和之後，確實貫注於「食、衣、住、行、育、樂」等生活之中，務使我們的言行舉止，都能合乎禮儀常規，完美地實現於各種生活層面之上，而使人世間各種形式的生活，都有可供遵循的道德規範。

　　愛心的培養，禮義的教化，乃是國民道德教育的主要目標。「仁」為心之善端，做人必須心存仁義，思以道德為本，行以禮義為法。能夠堅持人道義行，臨事莊敬，誠信無妄，才能成為一個有守有為的青年，愷悌和樂的君子。故曰：「立人之道，曰仁與義。」[21]人倫教化，尤為儒家學術思想的主流，其宗旨即在立人道，存人性，匯集而成內華外夷的民族倫理，而以「五倫」、「四維」、「八德」為中心。其目的是以人倫振綱紀，存天理；以人性維道統，行仁義，由明倫復性以建立倫理的社會秩序。其功能足以正心修身，化民成俗，確有培養國民道

---

[21]《易經・兌卦傳》。

德，復興民族文化的績效。

五、協力辦好社會福利事業

　　造福社會，服務人群，乃是現代國民的積極目的。政府必須與國內慈善團體協力合作，共謀社會福利政策之推行，努力籌措福利基金，決心辦好慈善事業，俾能實現《禮記・禮運篇》博愛、互助、盡己、共享的原則，達到大同社會的理想。孔子以為大同社會的景象，在社會制度方面，是要做到老年人都能得到安養，壯年人都有職業，幼年兒童不會失掉教養，男女都有配偶；還要進一步把別人的父母子女，看作和自己的父母子女一樣。如有鰥寡孤獨、疾病殘廢之人，也都能受到國家的保養，得到社會的扶助。這種天下一家的大同思想，就是培養國民「敬老慈幼」的精神和力量。人乃社會動物，而為社會之本體，對於這個己身所從屬的社會，我們負有一種正己而後安人的責任。「己欲立而立人，己欲達而達人。」[22]我們必須先做好「父慈、子孝」的家庭倫理，由此以提振我國固有的倫理道德，促使人性明善固本，陶冶而成「互助、博愛」的人生觀。人有事親敬長的好表現，便能養成「老人之老，幼人之幼」的博愛精神，而把敬老慈幼的愛心發揮到極致。

---

22 《論語・雍也篇》。

　　國父說：「物種以競爭為原則，人類則以互助為原則。」[23]社會進步與人類進化，當以「互助」為其根本法則。先總統蔣公也說：「我們人類社會生活最基本的條件在於互助。」[24] 由此可知，互助的人生觀，在我們人類經營共同生活的過程中，實為不可或缺的道德修養。所謂博愛，就是仁的表現，「仁者愛人。」[25]我們必須具有慈善家的愛心，以樂善好施為務，如寒者解衣衣之，饑者推食食之；抱定「博施濟眾」的宗旨，實踐「樂善不倦」的德行；如此才能做到「不獨親其親，不獨子其子」[26]的美德，以達到「仁民愛物」的崇高境界。

　　政府致力推行養老育幼政策，全民協力辦好福利事業，乃是建立祥和社會的努力方向，也是「培養敬老慈幼精神」的積極行動。於此僅就一般觀點，提出下列幾項具體的做法，期能有助慈善事業的發展。

（一）有關政府福利政策方面的：

　　（1）建立保護老人兒童的福利制度。
　　（2）廣設仁愛之家及老人安養院。
　　（3）廣設孤兒院及兒童福利中心。

---

[23]　《孫文學說・第四章》。
[24]　《總裁言論・卷二》。
[25]　《孟子・離婁下》。
[26]　《禮記・禮運篇・大同章》。

（4）協助地方政府普遍設立養老育幼中心。

（5）積極援助民間私設的慈善團體。

（6）獎勵及支援各地之義工組織。

（7）協辦各種義賣捐款活動。

（二）有關社會慈善工作方面的：

（1）長期爲慈善工作服務。

（2）熱心捐助各地慈善募款基金。

（3）踴躍參加義工服務組織。

（4）定期參加養老院的服務工作。

（5）經常參與孤兒院的愛心活動。

（6）隨時隨地禮讓老弱婦孺。

（7）贊助各種義賣活動。

以上所列各種項工作要點，雖然祇是一些微不足道的小善常法，但是積小善即能成大善，我們便可以從實際的行動中來養成敬人、愛人的美德，進而培養起「敬老慈幼」的仁愛思想。因爲仁是諸德之根，萬善之源，我們做人做事，必須秉持惻隱之心，多行仁義之事。在道德實踐方面，常作存養省察的工夫，讓個人在內心的要求下，能夠擇善固執，而把良心天理表現在敬老恤孤的博愛行動上。

六、結　　論

　　倫理道德的實踐，是以行「仁」為目的。而行仁的方法在愛人，我們「老人之老，幼人之幼」。就是在推廣吾心之仁，而將愛親敬長的「親情倫理」，擴充而為敬老慈幼的「社會倫理」。其目的即在教人「善推其所為」，而把「仁、義、禮、智、信」[27]五常，展現於各種人際關係之中，希望這塊人間天地，能夠成為有倫理文化的天地，為社會上的倫理道德，樹立起良好的規範，以建設一個和平安全的社會。

　　我國古代的教育是以德育為中心，教育的首要目的則在正人倫。孟子以為善教最得民心，主張以教育來發揚人的善性，使其明瞭人倫之道。教的方法是「謹庠序之教，申之以孝弟之義。」[28] 孝悌既可通於「仁義禮智信」等社會道德，故為行仁之本。行仁必自孝悌開始，先能「各親其親，各子其子。」[29] 然後才能做到「不獨親其親，不獨子其子。」[30]以養成「敬老慈幼」的仁愛精神。我們必先孝悌行於家，然後才能仁愛及於民。孟子所謂的「親親而仁民，仁民而愛物。」[31] 就是在推此

[27]　《春秋繁露‧性情》卷八。
[28]　註同（2）。
[29]　註同（26）。
[30]　註同（26）。
[31]　註同（4）。

孝悌之道以親人之親，長人之長，而把人性的「善端」
加以擴充和發揚，使之成爲一種無限量的愛，並將其推
向全社會，推向全人類，以建設一個理想的大同社會。